"泉州师范学院桐江学术著作出版基金"资助
福建省社科规划项目（项目编号：FJ2018B141）成果

A Study on the Digital Display and Dissemination
of the Tangible Cultural Heritage of Southern Fujian

闽南非物质文化遗产数字化展示与传播研究

陈超淼 著

厦门大学出版社
国家一级出版社
全国百佳图书出版单位

图书在版编目(CIP)数据

闽南非物质文化遗产数字化展示与传播研究 / 陈超
淼著. -- 厦门：厦门大学出版社，2023.8
ISBN 978-7-5615-8867-3

Ⅰ.①闽… Ⅱ.①陈… Ⅲ.①数字技术-应用-非物
质文化遗产-展示-研究-福建②数字技术-应用-非物
质文化遗产-传播-研究-福建 Ⅳ.①G127.57-39

中国版本图书馆CIP数据核字(2022)第224633号

出 版 人	郑文礼
责任编辑	陈进才
责任校对	李小青
美术编辑	蒋卓群
技术编辑	许克华

出版发行	厦门大學出版社
社　　址	厦门市软件园二期望海路39号
邮政编码	361008
总　　机	0592-2181111　0592-2181406(传真)
营销中心	0592-2184458　0592-2181365
网　　址	http://www.xmupress.com
邮　　箱	xmup@xmupress.com
印　　刷	厦门集大印刷有限公司

开本　720 mm×1 020 mm　1/16
印张　14.25
插页　1
字数　225千字
版次　2023年8月第1版
印次　2023年8月第1次印刷
定价　80.00元

本书如有印装质量问题请直接寄承印厂调换

厦门大学出版社
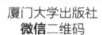
微信二维码

厦门大学出版社
微博二维码

前　言

非物质文化遗产（简称"非遗"）属于一个民族及其地区的文化记忆，承载民族文化基因，是研究人类文明发展的珍贵材料。泉州是闽南文化的重要发源地，2021年7月，"泉州：宋元中国的世界海洋商贸中心"项目被列入世界文化遗产名录。如何有效地展示与传播闽南地区非遗，已成为该领域学者关注的焦点。随着中华优秀传统文化振兴，如何搭建非遗展示与传播建设平台，充分发挥其向公众阐释与宣传非遗价值、实现信息与知识传播的重要功能，国内研究尚处于探索阶段，从业者普遍缺乏可供参考的理论与实操指南。

本书以作者多年来在闽南地区所做的田野调查、参与策划设计的项目等大量事例、案例为基础，从基础理论、基本理念和技术手段入手，探索了不同门类非遗适用的展示方式，并由实体展示衍生到数字化传播开发，提供了系统、前沿的非遗展示与传播图景，希望为相关领域从业者提供最新理论和实践案例参考。全书共分为七章：第一章，首先基于非遗展示与传播的研究背景，梳理分析了非遗数字化研究的理论价值和实践意义。然后从正面角度分析与阐述文化的长时段效应对社会经济的深远影响，非遗对提升现代社会大众对本民族的文化自信具有的重要作用，保护和传承民间文化对民族文化基因的自我认同与传承繁衍等方面具有的价值和意义；也阐述了当工业文明展现它消极的一面时非遗传播对于修复工业文明所造成的创伤和对冲工业文明所造成的危机具有重要作用，同时对保护人类的文化多样性具有重要意义。第二章，首先在对相关地域概念进行界定的基础上，全面梳理了闽南地区的非遗项目资源，并归纳其总体特点。其次就闽南地区在非遗数字化保护传承方面的现状以及存在的问题进行了分析。第三章，基于非遗的传播视角，扼要梳理和分析了数字媒体的发展历程、特征和优势等，以受众体验式传播和数字媒体短视频传播为例，探讨了现代非遗展示与传播的方式与特点。第四章，研究了非遗传统传承模式的规律、特点和传承方式，从商业化、职业化、社会化传承，社会结构变化引起的非遗传承传统观念壁垒的不断突破，传承人年龄和技艺水平，传承动力的实现途径等几个方面分析了现代非遗传承模式的新变化和新趋势，进而引出对关于商业化时代非遗的传承和弘扬问题的探讨和研究。主要从商业化对非遗开发利用的影响，现代消费趋势对非遗传承产生的影响入手，对现代非遗的生产经营模式、创新模式、传承人才培养模式、营销推广模式进行深入分析研究，提出了展示与传播是现代非遗传承和弘扬的重要途径的观点。最后分析阐述了双螺旋结构的现代非遗传播理念模型及数字媒体平台作为现代非遗传播媒介的优势及其重要地位。第五章，从非遗数字化记录的概念和作用，非遗数字化资源的共享服务体系的内容要素及构建思路、方式、原则，社会保障体系等非遗数字化基础应用理论入手，对非遗实体展示空间的数字化设计应用的优势、数字化展示的主要方式、技术应用类型，以及通过基于互联网的数字移动媒体平台和虚拟现实技术（VR）、增强现实技术（AR）所构造的非遗虚拟展示空间的主要展示形式和技术应用类型、数字博物馆案例进行分析研究，完成对现阶段非遗数字化展示与传播主要方式的梳理。第六章，基于非遗数字化展示与传播的实现，需要有对庞大的非遗资源库的数字化资源管理和开发技术作为支撑，该部分对数字化资源库的作用、功能、构建方式，以及用于支撑产品开发的技术体系构建的内容要素等几个方面进行了研究阐述。第七章，在应用实践设计研究的方法方面，针对当下非遗数字化较为前沿的技术基础应用研究热点进行实践探索。内容涵盖这几方面：（1）国家级非遗项目泉州传统提线木偶戏的木偶造型和表演动作数字化记录方法及元数据的获取与保存；（2）适合在数字移动媒体终端展示与传播的，基于泉州非遗题材的微表情、动画短片、数字绘本的开发与设计；（3）基于移动终端的增强现实技术在国家级非遗项目闽南童谣儿童绘本上的设计应用等研究成果。

  非遗给数字媒体提供了取之不尽的丰富资源，也通过现代新媒体技术得到了前所未有的创新性展示与传播，流传久远的非遗也因此逐步进入我们的生活，变得与我们息息相关。

作者

2022 年 8 月

目　录

第一章　导　论 ·· 1
第一节　非物质文化遗产数字化研究意义 ·· 1
一、非物质文化遗产数字化研究的理论意义 ·· 1
二、非物质文化遗产数字化研究的实践意义 ·· 2
第二节　非物质文化遗产传播的重要性 ··· 3
一、文化的长时段效应需要合理恰当运行 ··· 3
二、非物质文化遗产的价值需要被现代社会重视 ··································· 5
三、工业文明的负面作用需要被修复对冲 ··· 7
四、人类社会的发展需要文化多样化 ··· 9

第二章　闽南非物质文化遗产概述 ·· 12
第一节　闽南地区的地理与人文 ··· 12
第二节　闽南地区非物质文化遗产资源的现状 ·· 13
第三节　闽南非物质文化遗产资源的特点 ·· 17
一、种类齐全，品位高 ·· 17
二、内涵丰富，地域特色鲜明 ·· 18
三、参与性强，体验空间较大 ·· 18
四、影响面广，交流意义深远 ·· 19
第四节　"一带一路"背景下的闽南非物质文化遗产数字化保护传承的现状与问题 ·· 20

第三章　非物质文化遗产的传播视角 ··· 24

第一节　数字媒体技术成熟发展 ·· 24
一、格式标准化阶段 ·· 24
二、多媒体阶段 ·· 25
三、网络与虚拟阶段 ·· 26
四、融媒体阶段 ·· 28
五、全媒体阶段 ·· 32

第二节　数字媒体的特征与产品形式 ·· 33
一、数字媒体的主要特征 ·· 33
二、现代数字媒体的常见产品形式 ·· 33

第三节　体验式的非物质文化遗产传播 ·· 35
一、体验式传播的优势 ·· 35
二、非物质文化遗产的体验式传播策略 ·· 37

第四节　基于数字媒体的非物质文化遗产传播——以短视频为例 ···················· 38
一、非遗类短视频传播的现状与特征 ·· 38
二、非遗类短视频传播的动因与要素 ·· 42

第四章　非物质文化遗产的传播策略 ··· 50

第一节　非物质文化遗产的传承和弘扬 ·· 50
一、非物质文化遗产传承的规律与特点 ·· 50
二、非遗传承的新变化与新趋势 ·· 61
三、传承的动力及其实现途径 ·· 72
四、商业化时代下非物质文化遗产的传承和弘扬 ·································· 80

第二节　非物质文化遗产传播的理念与方法 ······································ 125
一、非物质文化遗产传播的理念——双螺旋式 ···································· 125
二、非物质文化遗产传播的途径——数字媒体平台 ································ 126

目 录

第五章　非物质文化遗产数字化展示传播的主要方式 130

第一节　非遗数字资源的记录与共享 130
一、非遗数字资源的记录 130
二、非遗数字资源的共享 131

第二节　实体空间中的数字化展示方式 138
一、数字化展示的优势 138
二、数字化展示方式类型 144

第三节　新媒体传播：从实体空间到网络空间 152
一、非遗展示空间与手持移动设备 152
二、非遗展示中的互联网应用 153
三、虚拟现实的普及与应用 158

第六章　非物质文化遗产数字化资源的开发与利用 165

第一节　数字化资源库建设 165
一、非物质文化遗产数据库的构建 165
二、非物质文化遗产数字化资源库的建设 167

第二节　数字化产品的开发技术 169

第三节　数字化技术体系构建 169
一、数字采集与生产技术 169
二、数字存储技术 170
三、数字管理技术 170

第七章　非物质文化遗产新媒体展示设计实践 172

第一节　泉州传统提线木偶的数字化记录与保存 172
一、泉州传统提线木偶戏 172
二、提线木偶造型与表演动作的元数据采集 173

第二节　数字动画——基于泉州非遗题材的原创动漫设计 184

一、动画表情设计 ……………………………………………………… 184
　　二、数字动画短片的设计与推广 ………………………………………… 189
第三节　虚实动静融合的设计新形态研究——基于增强现实技术的闽南童谣儿
　　　　童绘本设计 ………………………………………………………… 196
　　一、闽南童谣及其传承 …………………………………………………… 196
　　二、以绘本作为文化传播的载体 ………………………………………… 198
　　三、基于增强现实技术的应用实践 ……………………………………… 201
　　四、闽南童谣儿童绘本融入增强现实体验的优势 ……………………… 209
　　五、闽南童谣绘本中融入增强现实体验的设计策略 …………………… 210

参考文献 ……………………………………………………………………… 214
　　一、著作类 ………………………………………………………………… 214
　　二、期刊类 ………………………………………………………………… 214

后　　记 ……………………………………………………………………… 218

第一章 导 论

非物质文化遗产不但是我国悠久历史文化传承的结晶，也是提升人们民族情感的重要基础载体，并且还有传播中华文明、保持民族文化多样性的作用。由于我国的非物质文化遗产数量众多，探索我国非物质文化遗产保护和传播的开展路径，不但具有较高的学术价值，也拥有较强的现实实践意义。

第一节 非物质文化遗产数字化研究意义

一、非物质文化遗产数字化研究的理论意义

非物质文化遗产数字化研究有利于我国非物质文化遗产学术研究成果的丰富化和多样化。对于中华民族的持续发展和壮大来说，非物质文化遗产作为精神食粮和智力支撑提供源源不断的能量，而且在人类文明的多样化发展中具有重大的作用。

如今，人们对非物质文化遗产的关注度不断提高，与之相关的研究也逐渐增多且深入，该领域中的专家学者开始全方位、深入地分析和研究非物质文化遗产的概念、意义、价值和具体的保护方法。

在非物质文化遗产的重构方面，数字化技术和手段的使用将大大改变公众对非物质文化遗产的认知、消费和利用形式，从而产生一种普世性的价值观念，集中表现在数字化层面和技术化层面的行动、思维和认知。而且，包含表演艺术和手工艺、语言文化、风俗民情在内的区域性动态文化形式在数

字化遗产资源中得到了立体化和多角度的呈现，帮助了具有不同文化背景的人打破文化壁垒，加强文化交流，从而让年轻的一代提升对传统文化的兴趣，增进对传统文化的了解。

如今，世界上许多国家都越来越重视保护非物质文化遗产，并且将大量的财力和物力投入其中。我国有着五千多年的历史和文化，在我国广阔的领土上，到处分布着珍贵的非物质文化遗产。合理科学地划分非物质文化遗产的类别，并且正确判断濒危程度，通过适当的传播形式促进非物质文化遗产的活态传承，是我国保护非物质文化遗产的重中之重。

二、非物质文化遗产数字化研究的实践意义

第一，是评估我国非物质文化遗产濒危程度的重要参考依据。我国的非物质文化遗产种类多样，内容也十分丰富。农村是我国非物质文化遗产的重要发源地和生存之地，在传承、创新和保护非物质文化遗产方面有着十分广阔的空间。特别是城镇化进程的加快，使我国许多优秀的非物质文化遗产濒临绝迹。近十年来，通过开展全国非物质文化遗产资源调查，加强非物质文化遗产数字化建设，可以构建更加科学、合理的代表性项目分类体系。在现有基础上，完善传承体验设施体系和理论研究体系。

第二，拓展新途径促进地方特色文化的保护、传承和发展。与那些有形的文化遗产相比，非物质文化遗产的传承主要依靠世代相传保留下来，而且往往是口传心授，一旦停止了传承活动，也就意味着消亡。这在无形中也给传承和保护非物质文化遗产增加了许多难度，所以在保护和传承中尝试使用数字化形式创新的手段和方式将事半功倍。把非物质文化遗产的实际发展与整体的地方自然环境一同保护，重点扶持具有地区和民族特色的项目，落实相关政府部门的主体责任，逐步推动文化生态保护区的建设，这些借用数字化工具更易实现。

第三，用现代数字化技术和手段推动非物质文化遗产保护与传播。将数字化与非物质文化遗产保护相结合，逐步建立和完善数字化保护技术体系，加强数字化技术在非物质文化遗产保护与传播中的应用，持续传承和深入开发民俗

类非物质文化遗产，有利于展示文化的形式不断创新，扩大文化保护空间，实现文化遗产的高效管理，让大众在文化方面的切身体验更加深刻。同时，在以文化遗产为中心的文化创意产业工作中大力加强数字化技术和手段的应用，让与非物质文化遗产相关的数字化产品开发变得丰富和立体，并且打造与非物质文化遗产相关的文化科技产业的市场竞争优势，积累更多非物质文化遗产数字化保护和传播的经验，为后续的传承与保护工作提供有利的支持。

第二节 非物质文化遗产传播的重要性

一、文化的长时段效应需要合理恰当运行

文化自身具有较强的长时段效应，即使是在工业文明已经基本地取代了农业文明的现阶段，属于农业文明产物的非物质文化遗产对于我国的社会发展仍有一定的影响，尤其是在思想文化和风俗习惯方面，一些非物质文化遗产甚至已经成为当地最为珍贵的传统文化内容，并成为该地或族群的文化生活组成部分。人们在面对全新的外来文化的冲击时，会运用自身的文化进行抵御或吸收转化。作为人类文化的无形遗产，很多非物质文化遗产有它不可替代的价值和作用。

非物质文化遗产能够传承至今的主要原因，就在于它还能够满足人们物质和精神的实际需求，例如传统手工艺实用性强，能够满足人们的物质需求，但在传统社会环境下，功能性并不代表它一定具有物质实用价值。一些传统的手工艺自身拥有较强的信仰或情感表达等非实用价值，如藏传佛教的唐卡、酥油花等，其制作技艺曾经就是僧人的必修课程，是修行的组成部分，是为了表达信仰的虔诚；道教音乐、佛教音乐也具有这样的功能。非遗项目中的一些表演艺术和口述（歌谣、说书）的内容，主要作用就是丰富大众生活，自娱自乐，还有一些则是为了能够使民族记忆得到流传。而传统的民俗活动则是各族群内的集体文化行为，并不是人们用来获利的方式，但是随着现代经济社会的发展，大部分非遗项目正在朝着商业化的方向不断转变，而人们对于非物质文化遗产实际价值的衡量标准就

是它能否直接转化成为消费或者服务的商品，这就需要我们进一步思考和研究。

传统手工艺要存续当代，就必须遵循商业规律，成为满足现代人需要的消费品。一些表演艺术，如戏剧曲艺，自古就已经是一种谋生手段（如图1-1），其在当代只有积极参与商业化演出，才能获得更多的生存空间。（如图1-2）在消费主义无孔不入的时代，很多原本不具有消费功能的表演艺术和民俗活动也被卷入商业化的浪潮中。消费主义带来的商业化，在非物质文化遗产传承中必须谨慎对待。为了使古老的非物质文化遗产跟上时代的步伐，越来越多的创作者在进行着各种尝试，将非物质文化遗产与现代文化进行嫁接也成为其中的方式之一。（如图1-3、图1-4）

正是因为文化对于社会经济整体的发展具有十分深远的影响力，而各种各样的非物质文化遗产又因艺人的传承而具有较强活跃性，所以对提升国人的文化自信，彰显本民族的文化信仰与个性，能够发挥出重要的作用。对于那些已经成为国家或民族的文化基因，且至今仍然具有强盛生命力的非物质文化遗产，我们也应采取各种干预性举措，使文化的长时段效应能够在一个合理恰当的轨道上运行[1]。

图1-1　绘画作品中的清朝提线木偶戏班演出　　图1-2　现代综艺舞台上的木偶表演（吴夏轩提供图片）

---

[1] 王燕. 现代化进程中的非物质文化遗产与保护[M]. 北京：文化艺术出版社，2018：102.

第一章 导 论

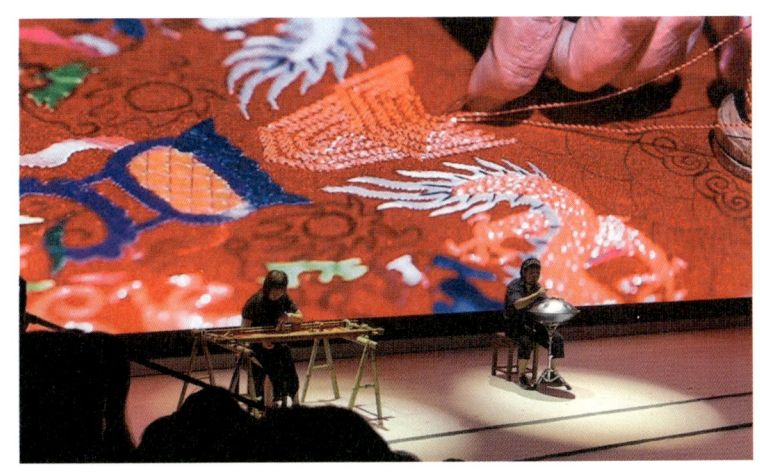

图1-3 现代原创音乐取材自"金苍绣"并同台演出(2022年7月摄于泉州大剧院)

图1-4 梨园戏表演艺术走上服装发布会T型舞台(2022年7月摄于泉州大剧院)

二、非物质文化遗产的价值需要被现代社会重视

人类自有文字以来,使用文字就成为民族文化起源的标识,中外莫不如此。

在文字教育未曾普及的时代,识文断字是一种能力,也受人尊崇。白丁在中国古代不仅代称文盲,也意味着他们地位低下、生活贫穷。文字的掌握者是富贵阶层,或者是为富贵阶层服务的,自然不会用更多的文字来记录描述底层人的生活和他们的思想。古代中国是世界上史书最多的国度,但那些史书主角都是帝王将相,普通百姓和日常生活在其中难觅踪影,最多寥寥几笔。于是底层民众普通

5

百姓就只能依靠口述来传承他们的历史、传说、故事，也只能靠一代代人的亲身体验和行动去传承那些手工艺和音乐舞蹈。这些一直被视为下里巴人的东西，即使有记录也往往会加以改造。《诗经》、汉乐府无不是政府的采风者对民间文学整理改编后的产物，是否原汁原味地加以记录，今人已经无法得知。

在长久的历史发展过程之中，民间的草根文化一直以鲜活的状态保存，并且不断衍生下来，因为它们是从社会中人们生产生活的具体方式、观念、习惯产生的，构成了一个族群、地区，乃至一个国家、民族独特的集体性格，是国家民族集体的文化内核。因此，早在20世纪初期，我国的一些知识分子就希望能够有效改变我国贫穷的面貌，他们在探索实践中意识到底层文化能够促进社会整体的发展，所以开始关注并挖掘一些民间文化，并且由此认识到民间文化所具有的巨大能量及所带来的社会效应。1918年，刘半农等人在北京大学发起歌谣运动，并由此而开启了中国俗文学、民俗学等运动。此后民间文化开始成为各个大学、研究院等学术研究机构的重要研究领域，民间文化涵盖着非物质文化遗产。

社会想要得到真正的发展与转变，就需要加强对文化内容的渗透和改变，使之与时俱进，而最基础的就是底层文化，也就是我们所说的民间文化，是来自底层劳动者的草根文化。从近代史角度看，世界范围内但凡发展较快的国家都重视开展公民教育，通过义务教育提升民众的文化思想觉悟，使其成为社会文化变革的主要力量。20世纪上半叶，许多学者深刻认识到乡村文化对一个国家发展的基础作用，而发起了乡村教育实验和平民教育运动；中国在20世纪70年代末开启的改革开放，之所以能够取得巨大的成功，也与中国自50年代就开始的扫盲运动、全民教育直接相关。近代各个社会学科的研究范围，已经逐步由社会精英转化为普通百姓，并且产生了民族学、民俗学和文化人类学等全新学科，学者们开始逐步了解人们日常生活中衣食住行的转变，从中发现社会发展的规律。从人们日常生活的一些细节中，探索各种文化交流的路径；从社戏田歌的演唱频率中，了解到乡村逐步衰败的缘由；从修家谱的时间跨度和次数中，认识到族群的消失；等等。众多研究使我们逐步认识到传统文化对社会的治理、发展以及稳定所起到的重要基础作用。

民间文化自身的社会本质及其文化元素的多样性，也为现代的流行文化以及艺术创造提供了极其丰富的创作灵感——迪士尼的动画电影大多改编自世界各国的民间故事、神话传说；《睡美人》《灰姑娘》等众多格林童话故事，不断被翻拍，成为长盛不衰的影视剧经典题材，而格林童话则来源于德国的民间故事。民间文化在现代艺术创作中，一直发挥着重要的母体和母本作用。

民间文化本质上是劳动者的文化，从事劳动生产的农民、手工艺人和底层商人是其主要继承和传播群体，这一群体共同构筑了中国乡农文化和市井文化的繁荣。而随着工业文明的到来，传统的劳动生产模式发生了变革，很多手工技艺已经逐步失去了自身存在的价值，导致民间文化趋向衰败消失。再者，当前城市化迅速发展，使民间文化逐步失去自身生存的空间和土壤。作为民间精神娱乐产物的表演艺术、口传文学，例如木偶戏和童谣等等，也在城市建设人群变迁、外来文化席卷、信息技术爆棚等因素的不断冲击下渐渐远去。

非物质文化遗产的基础是人民大众所创造并传承的民间文化，因此非物质文化遗产保护为民间文化的传承与保护争取了合理与合法的地位，并且通过运用现代科技传播手段、对现代艺术形式的主动融入等机制，民间文化进入民众的视野并逐渐拉近与民众之间的距离，向与精英文化同等重要的地位的方向发展。保护和传承长久被现代社会所忽视的民间文化，对于一个国家、一个民族文化基因的自我认同与传承繁衍具有极重要的价值和意义。

三、工业文明的负面作用需要被修复对冲

现代社会之所以要保护非物质文化遗产，是因为我们遇上了工业文明这个强大的挑战者，不加以保护就难以为继。而众多非物质文化遗产继续存在，是因为工业文明不是万能的，不可能解决人类社会所有的问题。工业文明有强大的一面，也有无力的一面；工业文明有进步的一面，也有消极的一面。而当工业文明展现它消极的一面时，就给地球环境带来了巨大的创伤，给人类社会的可持续发展带来了巨大的风险。修复这些创伤、对冲这些风险的路径之一，就

是汲取古老的智慧，而非物质文化遗产就是这些古老智慧的具体表现形式。

赞颂工业文明反对保护传统文化的人士，习惯以工业文明的强大，来阐释它的先进与合理；以工业文明的强大，来解释其他文明的落后。这是一种典型的实用主义思维，也是优胜劣汰的达尔文进化论主导下的思维方式。工业文明固然强大，但并不意味着其他文明就应该被同一化直至完全淘汰。而正因为工业文明作为生产力是强大的，它的破坏力也是强大的。工业文明破坏的不仅是腐朽的愚昧的，也包括古老的智慧的。机器是不会分辨美好与丑恶的，但是人类有这个能力。

工业革命带来社会财富增长，让人类的平均寿命迅速提高，也让人类战胜了众多瘟疫绝症，但是这并未减少人类的疾病。人类寿命延长的同时，癌症发病率也在增长。创伤型的手术疗法清除坏死器官的同时，也让整个身体系统的部分机能缺失。生物化学药物本身并不能从根本上杜绝病源，几乎总是带来各种副作用。而在古老的中国，中医把人体当作一个与自然息息相关的整体，以治未病为医者的最高准则。经络学说解释了人的身体构造和养生方法，针灸、拔火罐、刮痧等自然疗法和草药一起治愈了很多疾病，使中国人的平均寿命在工业革命前一直处于世界前列。产生于古印度的阿育吠陀作为世界上最古老的医学体系之一，同时也是一种获得身心和谐的健康生活体系，不只在印度，也在当今世界其他地方被越来越多的人认识到其重要价值。现代科技可以打造出更好的寝具，却不一定能够让人获得良好的睡眠。失眠症正在侵蚀着无数现代人的健康，现代技术制造出的治疗失眠的药物却总是让人产生药物依赖症，反而加重病情。而太极拳、草药和瑜伽却可以缓解失眠，达到身心的平衡。

老子曾经说过"大道至简"，很多朴素的知识技术背后是深奥的自然的法则，我们至今无法理解或者解释它，只因为我们认知水平的局限；爱因斯坦的相对论在提出一百年后，仍然在被不断发展的科技验证着，类似的现象也存在于古老的智慧中。人们崇拜现代科技，却经常质疑传统智慧。科学主义的盛行让众多传统智慧饱受误解、否定，导致其在社会生产生活中的应用程度越来越低，其应有的价值也无法体现。所以在今天，我们应该做的是将科学主义强加于传统智慧之上的迷信外衣解除，还传统智慧以真面目。

进入 21 世纪，工业化以网络技术、人工技术、生物基因技术等作为推进手段，越来越显示出其强大的创造力。工业文明所带来的各种危机没有缓解之势，反而在不断加剧。人类社会面临着前所未有的不确定性。在这种情况下，曾经为人类带来健康、平衡、稳定、和谐的众多非物质文化遗产的价值显得尤为重要。但是由于工业文明的强大，众多非物质文化遗产面临着严重的存续危机，其价值并未得到应有的重视，因此也无法真正发挥作用。所以要保护这些非物质文化遗产，使其在修复工业文明所造成的创伤和对冲工业文明所造就的危机的过程中发挥应有的作用。

四、人类社会的发展需要文化多样化

世界自然环境的多样性和人文历史的多元化，决定了世界的文化也是多样多元的。这种多样性和多元化，既是历史发展的必然性，在当下和未来也依然有其必要性。

人要生存先要适应环境，在工业革命之前，由于人对自然的依赖性很强，自然环境成为各种文化产生的最基本的决定性因素，而后这些文化共同构成了某地的人文环境。某地特有的自然环境和人文环境共同构筑了其区别于其他地方文化的独特性。这种独特性，从自然环境角度看，是地域性；从族群角度看，是民族性；从文化分布的全局去看，则充满了差异性。众多的差异性，共同构筑了多样性。在相对封闭的前工业革命时代，这种民族性和地域性，也意味着文化在其传承区域内的必然性和合理性，而从其他地区文化的角度看，则具有一种独特性甚至唯一性。各种非物质文化遗产无不体现出鲜明的地域性和民族性，由此成为构成世界多样性的主要缘由。而由于非物质文化遗产以人为传承载体的活态性，使得非物质文化遗产成为构筑人类文化多样性的最活跃因素。在中国这样的大国里，由于自然环境的多样性和民族文化的多元化，非物质文化遗产资源异常丰富，每一种非物质文化遗产自身都能展现出其所代表的地域与民族特征，在总体上就呈现为非常突出的文化多样性，而这也成为中华文化

博大精深的表现之一。

  人类文化需要多样性，正如自然界需要生物的多样性。根据生态学的理论，自然界是一个高度关联的整体，各种生物构成一个闭合的生物链，它们之间在数量上会保持一个相对的平衡。一个生态系统内，生物种类越为丰富多样，生态系统就越为平衡，也就越具有稳定性和可持续性。反之，当生物种类不断减少，或者其中的某些生物在数量上急剧减少，而少数几个数量过多，就会打破生态平衡。某一生物的灭绝，很可能会引发以其为食物或繁殖媒介的其他生物的灭绝，所以生态保护的核心理念就是保持物种的多样性和物种之间的平衡。这种自然界的生态观虽然不完全适用于人类的文化，但是在很多方面具有可参考性。纵观人类的历史，一个地区或国家，其文化越是具有多样性，其整体就越有稳定性，也越具有生命力，并且在受到破坏或创伤时，其修复的能力也越强。中华民族历经沧桑磨难，却依然能傲然屹立于世界民族之林，与我们中华文化很强的包容性有着直接联系。儒家思想作为正统文化，在文化上一直主张和而不同，中庸平和，反对强制侵入。而与之并立的道家和佛家思想，更关注人与自然万物的和平相处，这三者是中华文化的重要组成部分，其包容性成为中华文化的突出特点。正是因为包容性，中华文化的传承区域内一直有着多种多样的区域文化和民族文化，各种文化互相依存、互相补充、互相竞争，不断丰富中华文化的内容和表现形式。欧洲近代科学文化的崛起，也与欧洲全境内曾经存在着数百个大小国家（贵族领地）有着直接的关系。

  多样性也意味着文化之间的差异性——不可否认，差异性也会导致文化的冲突。世界上的很多冲突，除去物质资源的争夺，文化的冲突也是原因之一。农业地区盛产的茶曾经是以肉乳食物为主的牧民们叶绿素的主要来源，而马则是冷兵器时代极为重要的交通工具和军事物资，所以茶马古道曾经昌盛了很久，并且沿途的文化艺术也随之不断交流融合。阿拉贡王国的斐迪南二世和卡斯蒂利亚王国的伊莎贝拉一世联姻，两国联盟战胜了格拉纳达的摩尔人后，并未对摩尔人文化进行清洗，这一善举让今天的西班牙成为多种文化并存的国家，而摩尔人建造的阿尔罕布拉宫被完好地保留下来，成为世界文化遗产。

工业文明的一大特点就是标准化，生产标准统一的产品及零部件，以方便在全球生产、组装和使用。全球化以工业文明和西方文明为范本，把世界变得越来越单一。跨国公司可以在全世界的任何一个地方生产出相同的工业产品，流水线上的工人无论来自何地何族，都穿着一样的制服进行生产。可乐和汉堡正在成为全球人民的共同食物，牛仔裤、T恤成为全球百姓统一的休闲装，衬衫、西装、燕尾服则成为统一的标准正装。

全球化正在不断地抹杀着地域性和民族性，抹杀着各种文化之间的差异性，由此破坏着世界文化的多样性。这种文化上的单一性固然让全球范围的交流更为方便和顺畅，比如英语现在已经成为事实上的全球通用语言，也被很多国家列为义务教育的必修课，更推动了越来越多的人会说英语，给国际交流带来便利，但是这种文化上的单一性趋势如果继续发展，则潜藏着巨大的危险。人类社会的多样性需要多元的文化去支撑，每个国家每个民族甚至每个文化社群，在发展基础、条件上各不相同，导致其发展路径也各不相同。虽然目前工业文明在生产力的提高方面具有无可比拟的作用，但是也并不能证明所有的地区都应该或适合推行工业文明，农业文明或者更为原始的诸多生产方式在某些地区是更可持续发展的模式。即使在实现工业化的过程中，不同的国家或地区也会根据固有的自然和人文条件而进行选择，发展出适合自己的道路。

保护和传播非物质文化遗产，从终极的意义上来说，就是在保护人类的文化多样性。这个意义似乎离每个人现实的生活很远，可是作为与这世界休戚相关的一个个体，每个人都应该庆幸，我们现在尚且还生活在一个文化多样化的世界里，我们也应希望这世界未来仍然是多样化的。

第二章　闽南非物质文化遗产概述

"非物质文化遗产"一词最早正式出现于 1998 年联合国教科文组织颁布的《宣布人类口头和非物质遗产代表作条例》。《条例》将来自某一文化社区的全部创作，如语言、口头文学、音乐、舞蹈、游戏、竞技、神话、礼仪、风俗习惯、手工艺、建筑术及其他艺术定义为"人类口头和非物质遗产"。2003 年 10 月联合国教科文组织《保护非物质文化遗产公约》提出"非物质文化遗产"概念：指被各群体、团体、有时为个人视为其文化遗产的各种实践、表演、表现形式、知识和技能及其有关的工具、实物、工艺品和文化空间。中国作为该公约的缔约国，积极实施非物质文化遗产的保护战略，在《国务院办公厅关于加强我国非物质文化遗产保护工作的意见》中将"非物质文化遗产"定义为：非物质文化遗产是各族人民世代相承、与群众生活密切相关的各种传统文化表现形式和文化空间。非物质文化遗产既是历史发展的见证，又是珍贵的、具有重要价值的文化资源。我国各族人民在长期生产生活实践中创造的丰富多彩的非物质文化遗产，是中华民族智慧与文明的结晶，是连结民族情感的纽带和维系国家统一的基础。

第一节　闽南地区的地理与人文

闽南即指福建南部。在地理位置上，除厦门、泉州、漳州三市外，还包括漳平市（龙岩市管辖），三明市大田县部分、尤溪县部分。北接福州市、莆田市，南与广东粤东地区毗邻，西与原汀州府界交界。广义的"闽南"泛指闽南语通行区和闽南传统建筑文化影响区，其范围分部涵盖闽中、闽西的局部，广东潮汕和台湾及东南亚闽人聚居地。[1] 但通常我们所说的闽南地区是指：泉州、厦门、漳州。地理概念有明确的行政划分的疆域界线，功能文化区亦如此，不同功能文化区之间的边界是清晰的，不可随意逾越。闽南文化是以地理概念来冠名的区域性文化，是在闽南这一特定地域所形成和存在的文化，反映着闽南地区特定的历史发展和生存方式。闽南非物质文化遗产是闽南文化最重要的一个部分，它具有闽南文化特殊的地域形态和特征。本书所指的闽南地区非物质文化遗产即指泉州、厦门、漳州三市所辖区域的非物质文化遗产。

闽南地处海峡西岸，不同历史时期南移的中原文化与土著的古闽越文化、舶来的域外文化数度交融、层层积淀，形成并发展了闽南文化。宋元时期海外交通贸易发达，刺桐港成为东方第一大港，闽南成为中华文化与外来文化交融的先发地区，闽南先民借和平的"海上丝绸之路"，率先将中华文明传播到世界各地。郑成功驱荷复台以后，闽南人大量移居台湾，带去了自身的文化，并在交流与融合中不断沿袭发展，形成了具有两岸共同特点的闽台区域文化。近代，海外侨胞也将侨居地不同的文化带回闽南。闽南文化在交流中保持地方文化根本性和完整性的同时，也走向兼容并蓄，其爱家爱乡与民族认同、崇尚传统与吸收创新、安土重迁与海外移民、开拓拼搏与冒险犯难、重名尚义与务实逐利等文化性格的统一，无不体现闽南文化守成与开放的兼容性品质。长期以来，闽南文化以其丰富的积淀、深厚的根基、独特的魅力，培育、滋养、联系和吸引着广大台湾同胞和海外侨胞，鲜明地向世人昭示了海峡两岸人民同根同源、血脉相连、手足情深的历史渊源。闽南文化对促进两岸同胞深层次的文化交流、文化认同，增强中华民族的凝聚力，维护祖国的和平统一，具有其他地域文化不可替代的意义和作用。

第二节　闽南地区非物质文化遗产资源的现状

福建位于我国东南沿海，具有鲜明的八闽山海特色，孕育和保存了丰富的

---

[1] 闽南地区，百度百科，https://baike.baidu.com/item/闽南地区/4314818?fromtitle=闽南&fromid=3487594&fr=aladdin

非物质文化遗产，其中闽南地区是全省非物质文化遗产资源最富集的地区。自福建省各项非物质文化遗产成功入选了文化部公布的首批国家级非物质文化遗产名录以来，全省紧抓非物质文化遗产的普查与积极申报工作。闽南地区的非物质文化遗产项目，涵盖非物质文化遗产的全部10个类别，包括民间文学、传统音乐、传统舞蹈、传统戏剧、曲艺、传统体育游艺与杂技、传统美术、传统技艺、传统医药、民俗等。至2021年，福建申报非物质文化遗产工作取得丰硕的成果，闽南地区占据重要的地位（详见表2-1、表2-2）。

表2-1　闽南地区省级以上非物质文化遗产项目数量统计

	世界级	国家级	省级
泉州	4项	34项	116项
厦门	2项	15项	57项
漳州	1项	15项	75项
合计	7项	64项	248项
占全省比例/%	77.8	44.1	37.6

表2-2　闽南地区国家级非物质文化遗产代表性项目名录

类别	名称	申报地
传统音乐	南音	泉州、厦门
	泉州北管	泉州
传统戏剧	梨园戏	泉州
	高甲戏	泉州、厦门
	高甲戏（柯派）	泉州
	歌仔戏	漳州、厦门
	木偶戏（泉州提线木偶戏）	泉州
	木偶戏（晋江布袋木偶戏）	泉州
	木偶戏（漳州布袋木偶戏）	漳州
	打城戏	泉州
曲艺	答嘴鼓	厦门
	讲古	厦门
	锦歌	漳州
	歌册（东山歌册）	漳州

续表

类别	名称	申报地
传统技艺	厦门漆线雕技艺	厦门
	德化瓷烧制技艺	泉州
	水密隔舱福船制造技艺	泉州
	闽南传统民居营造技艺	泉州、厦门
	乌龙茶制作技艺（铁观音制作技艺）	泉州
	民族乐器制作技艺（漳州蔡福美传统制鼓技艺）	漳州
	印泥制作技艺（漳州八宝印泥）	漳州
	客家土楼营造技艺	漳州
民间文学	童谣（闽南童谣）	厦门
	陈三五娘传说	泉州
民俗	民间信俗（保生大帝信俗）	厦门、漳州
	民间信俗（闽台送王船）	厦门
	民间信俗（延平郡王信俗）	厦门
	民间信俗（清水祖师信俗）	泉州
	民间信俗（三平祖师信俗）	漳州
	中秋节（中秋博饼）	厦门
	惠安女服饰	泉州
	蟳埔女习俗	泉州
	灯会（南安英都拔拔灯）	泉州
	元宵节（闽台东石灯俗）	泉州
	端午节（石狮端午闽台对渡习俗）	泉州
	元宵节（泉州闹元宵习俗）	泉州
	端午节（安海嗦啰嗹习俗）	泉州
	抬阁（海沧蜈蚣阁）	厦门
传统美术	漳州木版年画	漳州
	漳州木偶头雕刻	漳州
	剪纸（漳浦剪纸）	漳州
	永春纸织画	泉州
	灯彩（泉州花灯）	泉州
	惠安石雕	泉州
	惠安石雕（影雕）	厦门
	剪纸（泉州（李尧宝）刻纸）	泉州
	木偶头雕刻（江加走木偶头雕刻）	泉州
	竹编（安溪竹藤编）	泉州
	木雕（泉州木雕）	泉州
	厦门珠绣	厦门

续表

类别	名称	申报地
传统舞蹈	高山族拉手舞	漳州
	傩舞（浦南古傩）	漳州
	泉州拍胸舞	泉州
传统体育、游艺与杂技	五祖拳	泉州
	泉州刣狮	泉州
传统医药	中医养生（灵源万应茶）	泉州
	中医传统制剂方法（漳州片仔癀制作技艺）	漳州

注：本表根据中国非物质文化遗产网·中国非物质文化遗产数字博物馆《国家级非物质文化遗产代表性项目名录》（2006—2021年）整理。

泉州是闽南文化的发祥地。2021年7月25日，"泉州：宋元中国的世界海洋商贸中心"作为文化遗产项目被第44届世界遗产大会列入《世界遗产名录》。泉州作为国务院首批公布的24座历史文化名城之一，是中国民族民间文化保护工程综合性试点，是祖国大陆人口最多的闽南人聚集区，也是全国著名侨乡、台湾同胞的主要祖籍地。泉州非物质文化遗产项目数量居福建省首位。历史上，泉州是闽南地区最早设置行政建制的州府。台湾最初的行政设置也是隶属泉州府。金门的行政设置至今仍隶属泉州市。这种历史渊源使得泉州与闽南方言区内其他地区之间的文化特征具有高度的关联性。由于这种关联性而形成的特殊历史站位，泉州无疑应发挥闽南文化生态保护区的主要核心区作用并承担起相应文化义务。

从表2-1、表2-2中不难看出，泉州作为闽南地区非遗项目的富集区，主要有：中原古汉语与闽越语融合的泉州腔闽南方言文化；以谱牒、祭祖习俗为载体的祖先崇拜文化；集世界众多宗教于一地并存的多元宗教文化；两岸同胞共祭的妈祖、关帝、保生大帝、清水祖师、广泽尊王、萧王爷、青山王等民间信仰文化；明代思想家李贽，民族英雄郑成功、俞大猷及爱国将领施琅，理学家李光地等闽南先贤文化；音乐活化石泉州南音、南戏遗存梨园戏、蜚声世界的木偶戏、艺术个性独特的高甲戏、珍稀的宗教仪式剧种打城戏和承载闽越族遗风的拍胸舞等传统表演艺术文化；南派刻纸、木偶头雕刻等传统美术文化；特色鲜明的惠安女、蟳埔女服饰和闽南茶道等生活习俗文化；举世闻名的惠安石雕、中国三大瓷都之

——德化的瓷烧制、远销国内外的铁观音茶制作等传统技艺文化；南少林五祖拳武术文化；闽南古厝、庙宇、祠堂等传统建筑文化；宋元明的港口遗址、祈风遗存与仪典、水密隔舱福船制造等海洋文化；华侨教育、商会、批局等华侨文化。闽南文化遗产的精神生命和表现形式，至今仍然传承延续于闽南地区、大陆其他部分地区和台湾、香港、澳门地区以及世界其他国家闽南人的生活方式之中。

值得一提的是闽南地区的人类非物质文化遗产项目。人类非物质文化遗产名录是联合国教科文组织评选确定的，记录着人类社会生产生活方式、风俗人情、文化理念等重要特性的非物质文化遗产，蕴藏着世界各民族的文化基因、精神特质、价值观念、心理结构、气质情感等核心因素，是全人类共同的宝贵财富。联合国教科文组织将人类非物质文化遗产名录分为三类：第一类为人类非物质文化遗产代表作名录（其中泉州和厦门的南音、泉州的中国传统木结构建筑营造技艺和厦门的送王船民俗活动进入名录），第二类为急需保护的非物质文化遗产名录（其中泉州的中国水密隔舱福船制造技艺进入名录），第三类为优秀实践名册（其中泉州的木偶戏后继人才培养计划进入名录）。

第三节　闽南非物质文化遗产资源的特点

一、种类齐全，品位高

闽南地区是福建省乃至全国非物质文化遗产资源最富集的地区之一。主要包括民间音乐、传统戏剧、曲艺、传统手工技艺、民间文学、民间舞蹈、民间美术、杂技与竞技、传统医药及民俗等项目，涵盖了《保护非物质文化遗产公约》及《中国民族民间文化保护工程普查工作手册》中对非物质文化遗产划分的各大类，这为闽南地区开发类型多样、互补性强的文化旅游产品提供了广阔的发展空间。

闽南非物质文化遗产资源具有秉赋好、品位高的特点。截至2021年，闽南三市共拥有7项世界级和64项国家级非物质文化遗产，既有被誉为"红砖文化区"的闽南民居建造技艺，又有"宋元南戏活化石"梨园戏、"中国音乐史上的活化石"南音；既有讲究"五境之美"的茶文化，又有最富地方特色的民间童谣和俗语；既有著名的石雕、剪纸、漆线雕等民间工艺美术，又有享誉海峡两岸的送王船、闽台对渡海上泼水节习俗、保生大帝信俗、闽台东石灯俗等，无一不向我们昭示着闽南地区厚博的历史积淀与人文智慧。

二、内涵丰富，地域特色鲜明

闽南非物质文化遗产是闽南文化的重要部分，是由不同历史时期南移的中原文化与古闽越文化、外来文化多次交融、层层积淀而发展起来的，并传播到世界各地。闽南非物质文化遗产从语言、服饰、饮食、建筑艺术到民间习俗、民间工艺等与闽南人的生产生活息息相关，无不展现出浓厚的中原文化底蕴和鲜明的地方色彩。南音、高甲戏、梨园戏、木偶戏、歌仔戏、木版年画、德化瓷烧制工艺等国家非物质文化遗产保护项目以及一大批国家重点文物保护单位就是其中的代表。它们是闽南文化生态孕育产生出来的优秀非物质文化遗产，是闽南文化智慧和精神的结晶。许多民间文化的遗留形态和表演样式，如南音、高甲戏等堪称"活化石"，为国内外专家所称道。游客在观赏闽南山海风光的同时也能够感受闽南的文化风俗，体验当地居民的生活方式、民间技艺、审美情趣及独特的民族信仰，体现了闽南非物质文化遗产极高的文化价值和艺术价值。

三、参与性强，体验空间较大

闽南地区各地不同文化、历史传统浇铸出的非物质文化遗产不仅内涵丰富，而且形式多样，参与性强，如闽南童谣、泉州南音、高甲戏、提线木偶、戏曲脸谱彩绘、中秋节博饼等可以让游客学唱试玩，泉州花灯、漳浦剪纸、木偶头雕刻、德化瓷烧制技艺等可以让游客试学试做，高山族拉手舞、拍胸舞、惠安女服饰、丰泽蟳埔女服饰等可以让游客试演试穿等，都非常适宜开发成体验型旅游产品。闽南非物质文化遗产诞生于民众的日常生产生活，游客驻足其中，能够感受到独具个性、原汁原味的文化，如欣赏传统工艺、民间歌舞等的表演，倘若能亲自参与其中，体验那些充满情趣、活泼欢快的活动、艺术表演，更能在这种具有差异性、非常态的文化情境中获得包括身体、情感、心灵以及智力的独特体验。而获得最优、最舒畅的体验正是体验经济时代游客的内在需求，也是旅游地及旅游企业努力提供的旅游产品，闽南非物质文化遗产所具有的体验内涵为其发展体验型旅游产品提供了巨大的发展空间。

四、影响面广，交流意义深远

闽南非物质文化遗产具有独特的魅力和凝聚力，深深扎根于各地闽南人的生活之中。他们以不同方式传承闽南文化，保留着闽南方言和生活习俗。其中，闽南与台湾具有"五缘"的优势，近年来，两岸人民往来更加密切，尤其是以传承闽南文化为意愿的文化交流不断深入，文化认同感日益增强。而非物质文化遗产以其丰富性和多样性，已经成为闽南地区对外交流的重要文艺形式。这些独具魅力的地方传统文化，已经成为闽南对外文化"形象大使"，在日益频繁的对外交流中起到了很好的桥梁作用。比如南音——这种只有闽南才有的文艺形式——悠扬古朴的音律至今保持了中原古音的特色，已经成为海外游子思乡之际最好的精神慰藉。因此，闽南非物质文化遗产的保护与传承，对继承优秀的民族精神、激活民族文化的生命力、参与世界文化交流，具有长远的文化建设意义。

最近几十年，在现代工业化迅猛发展和城镇化快速扩张的冲击下，一些"海丝"文化遗迹日渐被破坏，"海丝"传统非遗技艺濒临消失。时下全国各地积极开展传统文化遗产的保护、抢救与传承工作，充分显示了这项工作的必要性和紧迫性。2015年3月，《推动共建丝绸之路经济带和21世纪海上丝绸之路的愿景与行动》发布。2015年11月，《福建省21世纪海上丝绸之路核心区建设方案》发布。建设"21世纪海上丝绸之路"是我国在新时代继承传统"海丝"文化的基础上从全球化视野出发而提出的发展愿景设计，福建以厦门、泉州为代表的闽南地区作为"海丝"主要发祥地之一，迎来崭新的发展机遇。其建设需要保护和传承"海丝"文化，特别是在信息化和互联网高速发展的今天，以数字化技术为基础的新媒体形态迅速地成为主流媒体，如何在信息化的数字新媒体时代，借助"一带一路"的良好发展态势，利用数字化多媒体信息技术对"海丝"文化非遗项目进行保护传承和传播，讲好中国"海丝"故事，让"海丝"沿线国家对"海丝"文化遗产有一个真实、立体、全面的认识，深入推进"海丝"沿线国家的人文交流和商贸往来。

第四节 "一带一路"背景下的闽南非物质文化遗产数字化保护传承的现状与问题

在当今数字化新媒体时代，信息的数字化处理发展越来越成熟，技术创新步伐越来越快。新媒体就是应用数字化信息技术在传统媒体（报刊、广播、电视等）的基础上，通过网络移动技术、互联网技术、无线通信技术和卫星技术等技术渠道以及电脑、手机、数字视频、数字电视机等媒体终端，向用户提供数字化信息服务的传播形态和媒体形态。可见，数字化技术是新媒体的基础，新媒体又被称为数字化媒体。对闽南地区文化遗产的数字化保护传承就是充分应用新媒体时代数字化媒体的拍摄和记录技术对其进行数字、文字、图像、语音、虚拟现实、仿真以及可视世界的各种信息处理，通过数字影视设计、虚拟现实设计、人工智能仿真设计、网络多媒体设计等数字技术手段，以数字影视和动画漫游虚拟现实方式再现工艺场景，以数字化展示、传统手工艺数字矢量化等方式对闽南地区文化遗产进行保护、传承、传播和创新，特别是对日渐被破坏的文化遗迹和濒临消失的非物质文化遗产的数字化再现，对搭建"一带一路"文化交流桥梁意义重大。

闽南地处福建省东南沿海，与台湾隔海相望，海岸线漫长，港湾众多。该地区自古人文历史瑰宝荟萃，历史上以技艺先进、海外商贸发达、文化多元而著称。特别是泉州，被联合国教科文组织确定为海上丝绸之路的起点、世界文化遗产地之一，海外华侨华人众多，是我国著名侨乡，被评为首批"东亚文化之都"，素有"海滨邹鲁""世界宗教博物馆"的美誉，是闽南文化的聚集区，拥有丰富的"海丝"文化遗产。自获得地方立法权后，泉州已先后立法保护海上丝绸之路史迹、中山路连排廊柱式骑楼建筑、西街、聚宝街、内沟河等；利用建设

"21世纪海上丝绸之路先行区""一带一路"等政策的叠加优惠效应,以挖掘、保护和传承"海丝"文化为引领,建设各种文化创意产业园,加强旅游开发和古城改造等项目的实施,推进对"海丝"文化遗产资源的调查、挖掘、保护、研究、传承、传播、交流、应用和创新;对"海丝"非物质文化遗产注重政府扶助和市场开发相结合,培育非遗技艺大师,激励非遗技艺大师申报大师工作室,推进非遗技艺的传承和传播;在"一带一路"倡议下加强与"海丝"沿线国家的文化交流,注重闽南文化遗产的对外展示和交流传播,探寻历史发展过程中所形成的共同闽南文化融合内容,推动闽南文化进一步走出去。随着数字化时代的到来和"一带一路"倡议得到国际广泛认可,泉州社会各界也与时俱进,注重采用新媒体数字化技术保护传承闽南文化遗产,包括出台一些与"海丝"相关的地方性文物遗产保护法,并借助数字化技术手段进行宣传、传播以及保护,拍摄一些非遗题材影片;对文化史迹和一些知名古建筑进行卫星拍摄、航拍和VR虚拟仿真等;对南音、木偶戏等众多非遗项目进行数字化拍摄和视频传播;对一些非遗技艺大师进行专访拍摄等。这些新兴数字媒体技术的应用无疑为闽南文化遗产的保护与传承开辟新路径,提供新方法,促进其传播效果,但现阶段闽南非物质文化遗产的数字化保护与传承还存在以下一些问题。

(一)数字化信息记载缺乏整体规划和统一协调

目前,对众多非遗项目的数字化记载从总体上看还是缺乏基于新媒体信息数字化发展规律和发展趋势的整体规划和统一协调,造成不少非遗项目采用相同数字化媒体手段重复拍摄和记载;对众多非遗项目的数字化采集缺乏基于"海丝"先行区建设需要和"一带一路"发展需要而进行的整体性规划,造成数字化记载项目缺少关联性、递进性和系列性,数字化记载成果分散零乱,整体性保护传承效果不够理想。

(二)数字化信息记载缺乏系统性和规范性

对泉州众多"海丝"文化遗产项目的数字化记载缺乏整体的综合分类和规范的记载要求及相关的培训;对一些需要保护传承的"海丝"文化的数字化记载不全面、不规范,内容片断化,不成体系,特别是一些"海丝"文化非遗技艺依靠"口口相传""手把手教"的传统方式进行传承，在对其进行数字化记载时缺乏工艺制作技术的系统化介绍、传承人代代相传的系统化信息、传承人现场操作的系统化记录，容易造成一些非遗项目随着传承人的逝世而出现断层失传的现象。

（三）数字化保存形式过于单一，缺乏数字化集成的综合应用

非遗项目的数字化拍摄记载的保存形式整体上以简单数据库建库保存为主，在建库方面各自为政，缺乏统一的建设标准和技术规范，形成各个部门、单位的数字信息孤岛，无法进行数字化集成并在此基础上进行共享和综合应用。因此，数字化保存水平和集成综合应用水平还处于初级阶段。

（四）对非遗数字化存在"重保护轻创新传承""重技术轻传播"等现象

虽然在数字化新媒体时代，闽南三地市重视利用新媒体数字化手段对文化遗产进行保护和传承，已经通过各种数字化渠道获得了一批有用的数据资料，但不少单位和部门只注重对所取得的数据资料进行储存保护，忽视对数据资料的产业应用、传播和共享，重视从技术上拓展非遗数字化资料获得渠道，忽视对这些数据资料转化应用和再创新，因此没有将这些成果应用于闽南文化的传承传播、社会共享、动态监测和发展创新，也缺少从"海丝"文化遗产的保护、传承、共享、传播、创新创意等方面推进"海丝"先行区建设的措施，影响了"海丝"文化遗产数字化保护工作的效益化。

随着信息时代的到来，非物质文化遗产数字化保护和传播将呈现井喷式的发展态势，非遗文化资源的传播和展示日趋多样化和个性化，不仅是在图书馆、博物馆、展览会、剧院等场所，更多将从线上网络平台进行文化资源展示和传播。通过实物展示、传统媒体、网络媒体、移动媒体以及互动社交媒体等，打造数字化非遗文化资源的融媒体传播平台，形成线上线下"海丝"文化资源一体化展示格局。在融媒体环境下，闽南非遗文化资源数字化发展，不仅需要有专业化的资源数据标准和数据库构建方式，更需要有"亲民化"的传播模式，推进非遗文化资源的数字化保护、传承和创新发展，形成文化资源再创作、开发、生产、传播以及服务等一体化优势。随着手机等网络移动终端设备成为公众重要的信息传输工具，5G 移动网络成为大众获取文化资源的便捷渠道。公众黏性极强的移动媒体和社交平台是非遗文化资源数字化展示与传播的重要窗口，通过公众号、视频平台、网络平台等传播载体带来新兴文化消费体验，资源的呈现载体也从实物、印刷品、电视等，不断转移至网络、多媒体、人机交互，直至万物互联的新形态。在数字化信息技术的支撑下，融合当下艺术创作方法，提升文化资源的展示与传播水平，将极大地助力"海丝"文化遗产资源的活态传播。

第三章　非物质文化遗产的传播视角

对于非物质文化遗产，档案室保存的方式是基础，但更重要的是实现代与代之间的继承，利用新时代的观念、技术和科技手段以及思维方式重新分析和解读非物质文化遗产，让它们具有新时代的文化内涵，与现代社会生活保持密切的联系。换句话说，就是在数字信息技术的基础上，重新阐述和解释、构造非物质文化遗产，并从文化角度出发结合数字技术将其传递给公众。本章对数字媒体的发展历程、特征及形式进行了扼要的梳理，以受众体验式传播及数字媒体短视频传播为例，探讨了现代非遗传播的方式与特点。

第一节　数字媒体技术成熟发展

数字媒体技术成熟发展可大致分为格式标准化阶段、多媒体阶段、网络与虚拟阶段、融媒体阶段、全媒体阶段等五个阶段。

一、格式标准化阶段

数字媒体的关键技术是针对多媒体数据进行压缩编码以及解码，通过各种可感知媒体对数字化信息的编码、解码、量化、传输和储存的标准化工作流，形成国际统一的格式化标准。

（1）JPEG 标准：1991 年通过的 ISO/IEC 10918 标准，全称为"多灰度静态图像的数字压缩编码"标准。

（2）MPEG 标准：为了制定有关运动图像压缩标准而提出。MPEG 提交的 VIPEG-1 标准用于 15 Mbps 速率运动图像，作为 ISO/IEC 11172 号标准，于 1992 年通过，平均压缩比为 50∶1。目前 MPEG 格式有三个压缩标准，分别是 MPEG-2（大于 15Mbps）；MPEG-4（甚低速率）；MPEG-7（多媒体检索）；MPEG-21（多媒体应用框架）。

（3）ITU H26X 标准：该标准确定于 1988 年，是面向可视电话和电视会议的视频压缩算法的国际标准，其中 P 是可变参数。当 $P=1$ 或 2 时，只支持 QCIF 分解率（176×144）格式每秒帧数较低的可视电话；当 $P \geqslant 6$ 时，则支持 CIF 分辨率（352×288）格式每秒帧数较高的活动图像的电视会议。

（4）音频压缩标准：MPEG 音频标准、ITU 音频标准。

（5）光存储标准的规格与数据格式：CD-ROM、CD-DA、CD-I、VCD、DVD。

二、多媒体阶段

20 世纪 80 年代，声卡出现在个人电脑中，这标志着个人计算机进入多媒体发展时代。80 年代末，运动视频图像出现在电脑显示器上，使多媒体技术的发展更进了一步。自英特尔公司推出了 80486 型号 32 位 CPU 后，多媒体技术的发展从此一发不可收。

（1）视频会议办公系统。多媒体技术的迅猛发展、广域网的全球化覆盖，让多媒体技术中的视频会议办公系统成为当下火热的技术产品。简单来说，视频会议办公系统将电视的真实性特点、计算机的交互性特点和通信技术的分布性特点相结合，这种系统在多媒体通信系统中占据重要地位。发展至今，视频会议办公系统的技术和产品越发成熟。

（2）家庭视听技术和设备。家庭视听系统是多媒体技术中看得见和听得着的技术，随着它们的广泛应用，受到了许多用户的喜欢。对于个人电脑用户来说，互联网、数字化多媒体影音系统及设备的高保真度和方便传输存储的优势为其发展提供了广阔的空间。（如图 3-1）该阶段以 DVD 和 CD 为主的数字视听产品在家庭中备受欢迎。

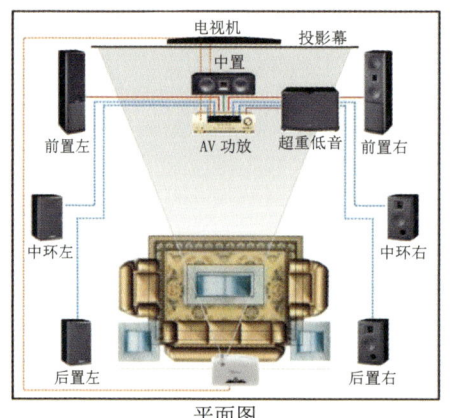 

图 3-1　现代家庭影院设计

三、网络与虚拟阶段

（1）超文本。超文本技术是将声音、文本和图像等技术融合到一起，将信息综合展现出来。这种技术是在计算机网络技术的基础上发展起来的，目前仍然在多媒体网页及移动数字平台应用上占重要地位。

（2）虚拟现实技术。虚拟现实技术将显示系统、传感技术、计算机图像处理技术、模拟仿真技术及相关设备融合到一起进行应用，将操作对象的变化和它们之间的相互作用通过模拟仿真的形式，建构出三维图像，从而形成一个像现实一样的虚拟世界。用户利用类似头盔和数据手套的特殊设备，建立起与三维虚拟世界可交互的桥梁。虚拟现实技术从出现到当下已发展至第 3 代，图 3-2、图 3-3、图 3-4 列出了 VR 技术 1.0 至 3.0 发展的主要时间节点。

在 21 世纪，计算机多媒体技术呈现出以新兴的人机交互技术和互联网科技融合的发展趋势。

第三章 非物质文化遗产的传播视角

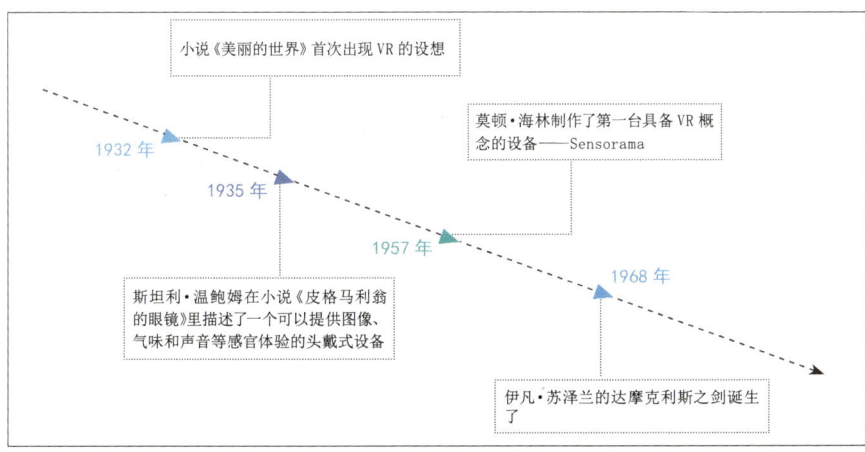

图 3-2　VR1.0 时代的主要事件

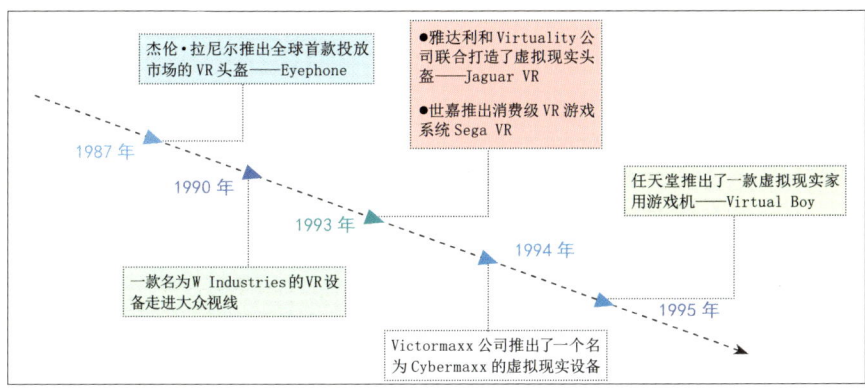

图 3-3　VR2.0 时代的主要事件

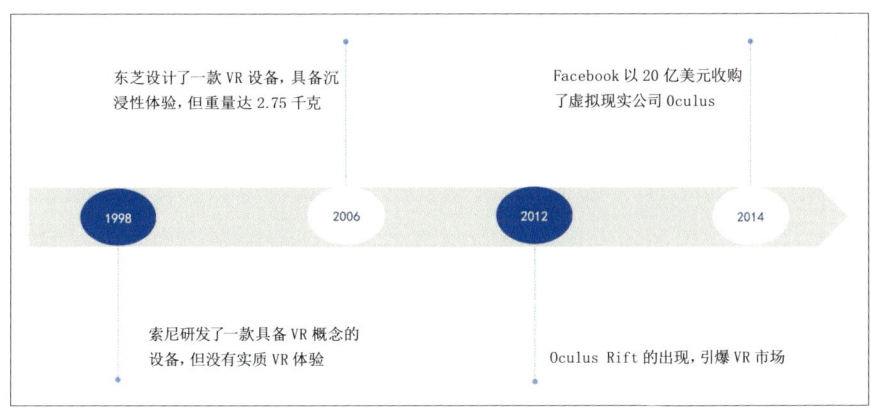

图 3-4　VR3.0 时代的主要事件

 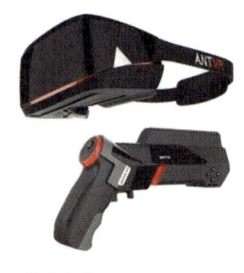 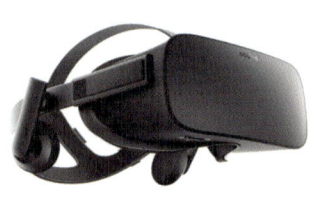

索尼 Project Morpheus　　　　北京蚁视 ANTVR KIT　　　　　　Oculus Rift

图 3-5　VR3.0 时代的主流产品

四、融媒体阶段

融媒体是将报纸、广播和电视等媒介载体融合，充分发挥出它们的共同优势，互补不足，从而全面整合媒体内容、人力和宣传等资源，实现"资源通融、内容兼容、宣传互融以及利益互融"的全新媒体模式。也就是说，融媒体并不单指某一个单独存在的媒体模式，而是通过互联网将电视、广播、报刊等媒体资源整合到一起，取长补短，扬长避短，让媒体的优势得到充分发挥，全面提升其价值。这是一种真切、实在、科学的方式，是一种具体的、能真实感受到的行为方式。

（一）融媒体的特性

（1）资源的共享性。这是指所有媒体共享彼此的新闻业务，所有的新闻业务成为所有媒体之间共享的资源，将所有媒体资源整合到一起并进行合理有效统一的规划，进而逐渐建立和完善新的采编流程。

（2）受众具有很高的参与性。在融媒体环境中，人们在通过互联网媒体平台阅读新闻内容的同时，可以即时参与互动。互联网等新媒体传播信息的速度越来越快，受众利用手机和电脑等网络设备可以随时随地浏览新闻，还能与其他观看新闻的受众或发布新闻的作者进行实时互动、交流，就这些新闻信息进行讨论。

（3）受众从新闻信息的被传播者变为传播者。在融媒体环境里，受众在所观看的内容面前不再是单一的接受者,特别是手机、平板等移动媒体设备的普及,人们在观看各种文字或视频新闻信息时,拥有很高的灵活度与自主性,他们可以随时随地观看新闻,还可以根据自己的兴趣和时间选择想了解的新闻节目进行收看,参与评论互动,分享给好友。

(4)融媒体具有广泛传播的特点。相比于传统模式,融媒体环境下的新闻信息传播不再是过去传统传播的时间线性模式,而是呈现出更为广泛且复杂多样的非线性特征。

(二)融媒体的发展

(1)机构改革在媒体融合中发挥促进作用。当媒体融合的发展进入非常关键和重要的时刻,体制机制改革与媒体融合的成果密不可分。媒体融合发展司是国家广播电视总局在2018年成立的,此后,各地媒体改革工作陆续开展。可以说,在媒体融合发展进程中,机构改革的深化、机构职能的调整优化都发挥了巨大的推动作用。

(2)形成"移动优先"的共识。始终坚持移动优先的理念,与时俱进,紧跟时代发展最新技术,对未来移动终端的发展进行全面布局。如今,移动互联时代已经到来,而且互联网和智能技术、设备普遍落地,将大力推动媒体融合的发展。

(3)从深度融合的阶段迈向大开大合的阶段。当前,媒体融合进入了"下半场"的发展阶段,并且逐渐从以平台、管理、渠道和经营等为主的深度融合阶段,进入大开大合的阶段,即以服务、系统的生态融合为主要内容。因此,全媒体生态系统的构造是媒体融合"下半场"的主要内容,这有利于延伸媒体融合的价值链。

(4)中央广播电视台正引领中国的融媒体迅速发展。在各地媒体融合的发展过程中,媒体深度融合发展必不可少的工程是融媒体中心。融媒体中心在中央级媒体和省级媒体中正逐步完善,并且开展常态化工作。北京广播电视台是其中的典范。自从成立融媒体中心,它就实现了从"加法"到"融合"的飞跃式发展,深度融合体现在经营、内容、平台、管理和渠道等各个方面。

（5）坚持以人为本的原则，构建融媒体人才体系。目前国内还有一些地方广电融媒体发展面临困境，这就要求从顶层设计的层面，全面、整体、统一规划广电融合转型实施方案。要想全面深化推动改革，必须从整体和顶层设计的角度进行合理规划，对各项改革的可行性、系统性和关联性进行深入分析。具体来说，顶层设计主要包括建设现代广电传播体系和改革广电治理体系。

（6）主流发展模式是区域化发展。现在，融媒体中心的发展正呈现出区域联合的趋势，各级广电媒体已经在开展相关工作。特别是以内蒙古、河南、陕西、重庆、湖南为代表的省（自治区、直辖市）在2018年已经开始建设县一级的融媒体中心，并且这些融媒体中心通常将县内所有的媒体资源整合在一起，主要由广播电视、报刊和县政府所运行的微信、微博、网站和移动客户端等网络媒体平台融合实现。

2014年是媒体融合元年。从这一年开始，我国的媒体行业步入新时代，在互联网与信息化技术和设备的支持下，以内容建设为根基，多点位、全方位实现内容、平台、渠道、经营、管理等方面的创新，不断面对新挑战，真正进入大融合、大发展和大转型时期。泉州晚报社2015年成立的泉州晚报社融媒体中心，用新技术为媒体赋能，让新技术生产新内容，传播"爆款"不断，百万级阅读量已成为常态，千万级、上亿级传播屡见不鲜。该融媒体中心通过运用新技术，布局新媒体，发展新业态，形成新兴媒体矩阵，传播力和影响力越来越强大。（图3-6）2020年以来，我国的新媒体迅速发展，智能化应用水平明显提高，应用场景愈加多样化，而且对人们的工作、生活产生了越来越深刻而重要的影响。从社会层面来说，新媒体服务于社会的能力明显提高，并且在国家治理体系和治理能力现代化中扮演着越来越重要的角色。

图 3-6 泉州晚报社的融媒体系统构架（苏智峰提供图片）

五、全媒体阶段

全媒体是媒介信息传播采用文字、影像、声音、动画、网页等多种媒体表现手段，利用广播电视、电影音像、图书出版、报纸杂志、网站等不同媒介形态，通过广电网络、电信网络和互联网络"三网融合"传播。最终实现用户以电视、电脑、手机、平板等多种终端介质完成信息的无缝融合。全媒体实现任何人在任何时间、任何地点使用任何终端不断点地获得任何想要的信息。可以说，全媒体是信息流手段的最大化的集成者。2019年1月25日中共中央政治局在人民日报社就全媒体时代和媒体融合发展举行第十二次集体学习。习近平同志指出，全媒体不断发展，出现了全程媒体、全息媒体、全员媒体、全效媒体。

全媒体主要具有以下几个特性：

（1）极大融合性。全媒体实现了人类发明的各类媒体在传播内容、技术、表达手法、获取渠道、营销策略上的优势互补和有机融合。

（2）一而全系统性。全媒体不反对传统媒体单一的表现形式，做到不同表现形式在传播中的无缝切换，互为共存，形成全媒体一体化。并且全媒体集成信息流程强调信息资源全网发布共享，实现信息资源技术化一次性采集。

（3）个性化开放性。全媒体终归是人与人之间的传播，技术随着人的需求改变而不断创新，传播表现形式全方位适应人的不同需求和发展趋势，且能提供超细分化的服务。如图文描述适应客观需求，影音图像适应感官认知需求，交互分享适应交流表达需求等等。全媒体的个性化服务在使信息整体的传播效率得到提升的同时，提高媒介资源的利用效率，减少资源浪费，能够用最小的成本让传播效果达到最大化。

可以看出，全媒体拥有较为独特的优越性，一方面，可以让信息有更高的传播效率，能够同时得到更多人的关注；另一方面，可以提高媒介资源的利用效率，减少资源浪费，降低传播过程风险，用最小的成本让传播效果达到最大化。

第二节　数字媒体的特征与产品形式

数字媒体简言之就是数字化了的媒体形式。它以数字的方式进行传播，以"比特"的数字形式作为载体，用二进制数的形式记录、处理、传播、获取信息，通过数字媒介实现存储、传输、显示包括文字、图形、图像、声音、影像、动画等在内的可感知的数字内容。

一、数字媒体的主要特征

现代数字媒体具有数字化、交互化、实时性、集成性等特征。其中，交互性和集成性是数字媒体技术最关键的两个特征。

（1）数字化。过去我们熟悉的媒体集合是以信号模拟的形式进行储存以及传播的，而数字媒体则是以二进制的计算形式，通过计算机进行存储、处理和传播，量化更为准确。

（2）交互化。具有实现人机交互的功能，是数字媒体的一大特点，它主要是由语音识别、手势输入、眼动追踪、感知反馈等多种交互技术构成。在数字环境中信息通过二进制数位存储在硬盘或光盘中，由用户自由存取需要的信息。信息可以存放于信源和信宿两端，用户可变被动接收为主动参与。

（3）实时性。数字媒体出现伴随着人们对时效追求的不断提升，声音、视频图像、动画等媒体是强实时的，多媒体系统提供了对这些实时媒体实时处理的能力。

（4）集成性。数字媒体系统能够综合处理文、图、声、像等多种信息。集成性是将这些内容有机地处理、融合成一体，按照传播的实际需求进行分配转换，发挥"整体大于各孤立部分之和"的效果。集成性一方面是媒体信息的集成，另一方面是显示或交互媒体设备的集成。

二、现代数字媒体的常见产品形式

数字媒体产品形式多样，我们在日常生活中也接触颇多，诸如微电影、短视频、动漫、电子图书、3D视听技术均属于数字媒体产品。

（1）微电影。微电影顾名思义即微型电影，微电影是适应于移动网络新媒体平台播放观看的影视表现形式，具有与电影一样的完整策划创作团队和拍摄制作流程，具有完整故事情节。播放时间3～60分钟，制作周期1～7天。类型有喜剧、爱情片、动作片、科幻片、纪录片等，并可融入广告宣传、个人定制、公益教育等主题。

（2）动漫。动漫是动画和漫画结合的简称，除了前者是动态的影视作品，后者是静态的绘画作品外，很多内容表现上两者是相通的，如造型、故事等。动漫是一种产业形态，主要指以动画和漫画为表现形式，包含以动漫IP为主的内容产品的开发、生产、出版、播出、演出和销售。内容可融入广告宣传、公益教育等主题。

（3）短视频。短视频一般长度10～30秒。由于十分适合现代人对短平快影像的休闲阅读需求，并且对制作技术要求低，每个人都可以成为主角，短视频传播很快占据了数字媒体传播手段的主导地位。内容形式涵盖短记录、滑稽恶搞、情节短剧、技能分享、网红IP、创意剪辑、公益宣传等，包容草根文化与精英文化。

（4）电子图书。电子图书是指以文字为主，包含声音、图像等各种内容的数字化图书，通过网络传输植入手持式电子阅读器或数字媒体移动终端。电子图书是报刊图书以数字化形式呈现的出版物，包括小说、漫画、专著、杂志等。

（5）三维虚拟全景。三维虚拟全景又称实景虚拟，是指将基于真实场景采用数字环拍摄影技术生成的全景图像，通过互联网传输加载至移动终端设备平台，能够直接通过VR眼镜实现用户360°全方位互动式观看的真实场景数字化虚拟还原展示方式。

（6）增强现实（augmented reality，AR）。增强现实简称AR，是将计算机生成的数字化内容（动画、影像、声音、文本）叠加到真实场景中，同时能够与用户实时交互的技术。增强现实具有三个主要特征：虚实融合、实时交互、三维注册。移动式增强现实设备可分为穿戴式和手持式两种，穿戴式设备如微软HoloLens眼镜和谷歌眼镜，手持式设备如智能手机、平板电脑等。该技术如今越来越受到博物馆展览设计的关注。

第三节 体验式的非物质文化遗产传播

非物质文化遗产蕴含了一个民族特有的精神价值、思维审美、创造力和想象力，被称为历史社会的"活化石"，是证明一个国家文化身份的历史标签。人既是非物质文化遗产的承载体，又是接受者，有很强的自主性。在21世纪的中国现代社会，非物质文化遗产的传播要获得良好效果，就必须从考量当下社会的文化环境、民众的文化意识和传播技术出发，明确传播的对象和目的，以及可传播的广度与速度，对传播内容和方式进行创新。

一、体验式传播的优势

信息传播的终极目标是受众，在信息的传播过程中，受众需求上的变化对信息的传播有着很大程度的影响。从媒介目前的发展状况来看，传播技术的快速发展诞生了更多的传播方式，同时增加了受众的沉浸感、现场感和互动感。受众也转变了信息的接收方式，从以往的被动接收逐渐变为主动获取信息，而且在信息的获取过程中更喜欢从嗅觉、听觉、视觉、触觉等不同的角度去选择，提高了参与度，有时还会以信息传播者的角色出现。

受众的需求变化导致其信息接收习惯发生了改变，这是非物质文化遗产在传承过程中要注意的。非遗传承应该改变以往的传播方式，在信息传播的过程中与体验相结合，形成体验式传播。传播者应该从受众的内在需求出发，让受众通过传播方式产生情绪、情感、思维、感官和行为上的变化，使之与新媒体的发展同步。

体验式传播已经得到了不少非物质文化遗产传播主体的尝试。这种传播方式能够更直观地体现出非物质文化遗产中所蕴含的文化内涵，在寓教于乐的同时更加生动和形象[1]。如图3-7、图3-8、图3-9所示，在五一、国庆和春节长假期间，由厦门、泉州文旅部门牵头举行的社区非遗体验活动，成为少年儿童体验学习地

---

[1] 石晓岚. 非物质文化遗产的体验式传播路径研究[J]. 通化师范学院学报，2018，39（9）：7-12.

方优秀传统文化的好机会。

图 3-7 儿童体验活动：世界非物质文化遗产——南音

图 3-8 儿童体验活动：省级非物质文化遗产——泉州妆糕人

图 3-9 儿童体验活动：国家级非物质文化遗产——泉州花灯

二、非物质文化遗产的体验式传播策略

商品在最终呈现之前要经过设计、发掘和生产等,体验也是如此。体验的空间很大,我们应将重点放在特殊体验上,这也是传播主体在设计过程中的核心。

设计体验要遵循的原则有五个:一是体验主题化。人们往往会被充满诱惑的主题所吸引,要给受众带来不一样的感觉,可以从逗留、学、做以及存在等不同的方面入手。二是淘汰负面的因素。所有分散、减弱主题中心,与主题中心相抵触的步骤都应被传播者省略。受众在展示场所进行参观体验时,往往会受到一些无足轻重的信息的干扰,所以传播者应该删除这些信息,让受众可以专心致志地体验角色。例如,当受众身处一个古代情境中时,身着现代服装的工作人员就会影响其体验过程。三是给受众带来良好的体验。体验是基于主题进行的,深刻的印象有利于进行更好的体验。传播主体向受众传达的每一个线索都要和主体有紧密的关联,这样才可以与受众产生良好的互动。四是重视感官刺激。给受众带来视觉、嗅觉、听觉、触觉以及味觉等不同感官上的刺激,让他们印象深刻。五是提供纪念品。受众会在看到有个性的纪念品时回忆起整个体验过程,从而延长记忆的时间。

这五条体验式传播的基本设计原则,应用到非物质文化遗产的体验项目策划中,可以遵循"提炼体验的理念—设计体验项目(活动、产品、表演)—体验活动"的程序进行。

1. 提炼体验的理念

分析体验活动的目的和意义,认知和了解非物质文化遗产项目,提炼非物质文化遗产可提供的体验点及文化特色,形成体验活动策划的设计理念。

2. 设计体验项目(活动、产品、表演)

面向受众体验心理,设置非物质文化遗产项目体验环节(观看或亲身体验)、流程、所需人员、材料设备和场所等,通过多感官感知让受众置身其中调动他们的情感。

3. 体验活动

将非物质文化遗产体验活动产品化、品牌化，使受众体验后能对非物质文化遗产的文化内涵吸收再输出，受众从传播的接受者变为传播者。设计一个完整的非物质文化遗产项目体验产品，可以让不同层次、数量的受众在不同时间参与。

第四节 基于数字媒体的非物质文化遗产传播
——以短视频为例

随着大数据时代的到来，数字媒体技术和移动互联网的飞速发展，让国人真正感受到流量生活带来的变化，短视频也在这一趋势中蓬勃发展。我国近年来的短视频用户剧增。截至 2020 年，我国上网民众数量高达 9.89 亿，而短视频用户由 2016 年的 1.9 亿人增长至 2020 年的 8.7 亿人——短视频平台的兴起给非遗创造了传播良机。下面以短视频为例，探讨数字媒体视野下的非物质文化遗产传播工作。

一、非遗类短视频传播的现状与特征

短视频一般是指在互联网新媒体上传播的时长在 5 分钟以内的适合在移动状态和短时休闲状态下观看的、高频推送的视频内容。短视频迅猛发展得益于其打破了传统的传播方式，顺应泛娱乐化时代和快餐化时代受众的信息接收习惯，打破传统官方发布的传播模式，降低了信息传播和内容制作的门槛，让用户自主创造内容成为可能。依赖于短视频即时性传播和场景化传播的特点，非遗数字化传播与展示迎来全新的机遇。

（一）非遗类短视频的传播现状

非遗类短视频是指政府机构、相关组织、非遗传承人和普通民众等传播主体面向广大受众，通过短视频平台传播非物质文化遗产相关内容的 5 分钟以内的短视频。这些短视频的内容包括但不限于非遗技艺的呈现、非遗成品的展示、非遗知识的科普、非遗传承人的宣传等。

2020年12月9日，中国传媒大学教授、中国电视剧制作产业协会短视频内容工作委员会秘书长赵晖在第二届中国（海宁）短视频产业高峰论坛上发布了《融合媒体时代短视频内容产业报告2020》，提出"短视频+"的理念。从非遗展示和传播的角度来看，这一理念实现了短视频在数字化全媒体平台上拉近非遗和大众的目标。短视频赋能并展示传播非遗，非遗话题引发用户互动。非遗走向大众，为非物质文化遗产的传承和传播开创了新的天地。

近年来，基于移动媒体的各种短视频平台也通过非遗传播的内容创新等激励手段积极推动非遗的保护与传承。比如快手和抖音两大短视频平台都发布了扶持非遗类短视频创作的商业计划，以内容创新促进非遗的传播，丰富自身产品，满足用户对本民族传统文化多样化的需求。据此也挖掘和培养了海量的年轻一代的用户，激发他们了解非遗的热情，鼓励他们挖掘非遗的市场潜力，从而全面助力非遗在短视频平台的传播。所以我们可以看到，短视频平台在积极扶持非遗类短视频的发展，希望能够通过短视频有效地促进我国非物质文化遗产的传承与保护，而非遗传承人也在积极利用短视频进行传播。通过短视频来传播非遗对非遗传承人、对非遗的保护和传承、对短视频本身来说都起到了一个正向积极作用，可以称得上是多方共赢的传播策略。

（二）非遗类短视频的传播特征

随着数字移动技术和网络技术的飞速迭代，非遗应用短视频进行展示与传播，必须寻求内容和形式的不断创新，这就要求创作者或传承人充分了解短视频的传播特征，使其符合当下年轻大众的审美要求，从而达到展示与传播效果。现就短视频平台上的非遗传播表现出来的共同特征总结如下。

1.融入流行元素，将非遗写进现代生活

非遗是文明的记忆，她从头到脚都是传统的积淀。非遗类短视频要在现代社会中传播，必须充分利用各种现代生活的流行元素加以融合创新，用大众现代生活文化审美眼光去演绎非遗，打破大众对非遗的"刻板印象"。特别要重点关注非遗产品如何产生、如何与现代生活联系起来，并体现其实用价值和收藏价值，使非遗以一种新的姿态向受众传播并走进市场，从而"活化"非遗。

2. 技术门槛大众化，以传承人的视角看非遗

随着移动媒体摄像技术和剪辑特效软件门槛的降低和普及，传承人自己就可以拿起手机拍摄、制作并传播短视频，以他们专业的视角将非遗产品诸如开窑、技艺、美食等的制作过程，通过短视频丰富的影音体验直接展示给受众，给予受众强烈的在场感。如图3-10、图3-11，金陵刻经印刷技艺国家级非遗传承人马萌青和泉州提线木偶戏国家级非遗传承人林聪鹏的短视频，通过他们技艺的展示、细致的工艺制作特写、心得讲解和画外音的解说，都给受众带来了不一样的视听体验。

3. 突破静态展示，"活化"非遗动态之美

一千个人眼中就有一千个哈姆雷特。我国丰富的非物质文化遗产资源项目和不同视角、定位、技术的演绎，创造了海量的短视频信息，这种方式是传统的展演或展示形式无法比拟的。短视频通过动态的影像全方位多角度演绎每一项非遗的历史渊源、人物故事、制作工艺、传承历程、作品展示等，打动观众，吸引大众不断关注。

4. UGC与PGC融合，满足受众多元化需求

非遗类短视频的传播主体由专业的短视频平台签约的非遗传承人、视频自媒体、政府相关机构和普通民众等构成。在非遗短视频的传播理论中，UGC（user-generated content，用户生产内容）和PGC（professionally-generated content，专业生产内容）的融合发展，构成了短视频平台的产品多样性。一方面，一些技艺类非遗的短视频创作需要专业的制作团队支撑，使受众既可以受到高质量的文化视觉熏陶，从中获得文化精品体验，进而进行文化消费，同时又可以欣赏到个性化的非遗类短视频。另一方面，普通用户制作的短视频可以从受众的角度传播非遗，更能体现传承人或创作者的视角和感情，使传播内容更加接地气，引起更多的受众关注，从而调动他们的主观能动性，使他们更加自主地分享传播视频，最大限度地提升各种非遗项目的大众认知度。

第三章 非物质文化遗产的传播视角

图 3-10 金陵刻经印刷技艺国家级非遗传承人马萌青抖音短视频

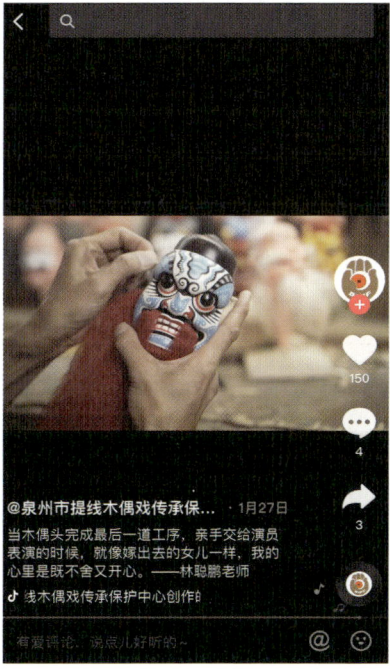

图 3-11 泉州提线木偶戏国家级非遗传承人林聪鹏抖音短视频

41

二、非遗类短视频传播的动因与要素

移动数字媒体时代，数字媒介深入大众生活的方方面面。从非物质文化遗产传播的问题来说，短视频的传播方式为解决非遗传播困境提供了一个崭新且宽广的空间维度。

（一）非遗类短视频传播的动因

数字多媒体技术的发展和进步带来了媒介形态的变迁，数字媒体对我们的生活产生了越来越重要的影响。近年来，数字移动媒体技术完全改变了人们的生活交往方式和价值观念，改变了传统的商业模式。因这些改变而产生的短视频，成为非遗展示和传播的有利工具，并通过技术和内容的不断创新，促进了非遗的传统转型和发展。此外，通过短视频来传播非遗不仅可以解决非遗的传播困境，还在一定程度上缓解了非遗传承人的收入压力，拉动了非遗经济的发展。

1. 时代发展的要求

数字移动媒体的普及改变了社会环境和人们的行为习惯。短视频带来了一个多元价值观并存的时代，跨界、活跃、多元、碎片化、开放、共享等共同构成了这个短视频时代的特点。短视频改变了人们的信息接收方式和需求，同样也将人类的视听叙事方式和叙事角度推向新的发展维度。

传统的非遗传播一般采用单向的方式，如收录保存、教习传授、宣传展示等。基于网络技术和数字移动媒体的短视频，既具有传播方式简单、速度快、范围广的优势，又具有内容丰富多变、创意迎合时代审美趋势的特点，不断地满足现代大众生活跨时间空间的网络多元文化需求。

短视频时代的年轻群体对引领短视频的流行趋势发挥着举足轻重的作用。青年亚文化是指对成年人社会秩序的颠覆，具有批判一切的精神。"短视频＋非遗"的传播模式被赋予更多个性化的表达。以往非遗代表着传统与陈旧，现如今，在追求个性的驱使下，在短视频的强势传播推动下，非遗元素正在成为年轻人追逐的潮流与时尚，例如淘宝造物节非遗"文市"、各种非遗动漫IP设计、非遗与二次元的碰撞等商业创意手段，给年轻人带来了一场新奇的视觉和消费体验。

2. 媒介形态的变迁

数字时代的传播媒介，短视频已经成为大众接触信息的主要端口。人们长期生活在媒介环境的控制之下，媒介环境影响着人们生活的方方面面。这样的时代背景和媒介传播背景催生了非遗传播方式的变革。从非遗传播的角度出发，短视频显然已经成为其面向大众传播的最有效的信息流入口。

网络的发展及科技的进步和大众化，把传播信息的权力赋予了大众。对于短视频来说，用户创造的内容成为信息生产的组成部分，UGC 和 PGC 结合的短视频平台信息生产模式，使非遗通过短视频进行跨业态生产，人人都能成为非遗的传播者和接收者，可以活化非遗的形象，使非遗变得更加立体和多元。

3. 传播载体的创新

随着网络和移动媒体技术的飞速发展和迭代，网络传播时代已悄然到来，短视频的新媒介语境，对大众社会文化的继承和发展造成了直接的影响，甚至改变了文化的表现形式和人们的接受方式。短视频平台强大的数字存储功能可以承载海量的非遗内容，其显然已成为非遗最直观、最便捷和最全面的展示方式，是非遗保存、记录、展示和传播的全新载体和形式，使非遗在数字时代可以进一步得到传承和弘扬。

（二）非遗类短视频传播的要素

非遗通过短视频进行传播，离不开传播过程中的各个要素。接下来从传播的主体、渠道、对象、内容、效果等方面具体分析非遗类短视频传播的要素，探讨各要素在传播非遗的过程中起到的作用。

1. 传播主体

目前，基于数字移动终端的短视频平台上的非遗类短视频传播主体可大致分为以下三种：

第一种为非遗传承人、非遗领域从业人员等。非遗传承人是通过政府部门认定的传承非遗的个人，具有公认的代表性和继承性。在长期从事某一非遗项目的实际工作中,非遗传承人培养模式一般是传统师徒传承模式。非遗领域从业人员一般指在非遗项目团体(如戏剧团、工艺品厂等)从事艺术表演的表演者,或是从事工艺美术、技艺生产的手艺人。

第二种为从事非遗保护和展示的非营利性机构、民间组织、媒体等,如泉州市艺术馆、泉州市非物质文化遗产保护中心在各种移动终端平台上的公众号。

第三种为利用非遗进行商业变现的内容运营商和以非遗作为内容深耕领域的专职自媒体团队等。

2. 传播渠道

网络技术和移动媒体技术的飞速发展,是非遗类短视频传播赖以生存的基础。非遗传播者可以根据不同短视频平台的平台类型和用户定位进行全平台分发,充分利用抖音、快手、小红书等各大短视频平台的平台优势和流量优势,有针对性地做到全平台的精准分发,组成全媒体平台的传播矩阵,扩大非遗的传播范围。

各大短视频平台会根据内置的去中心化算法对短视频进行分发和推荐,首先系统会根据用户的年龄、地区、性别、学历、兴趣爱好等对每位用户形成"用户画像",之后系统还会根据用户的浏览痕迹,对其浏览的内容进行关键字提取、层级分类等计算,为用户形成"内容画像",进而将"用户画像"与"内容画像"相匹配,投入流量池中匹配出用户可能喜欢的视频内容再进行个性化精准排序推发,方便用户挑选想要的视频内容。计算机大数据算法的机制远优胜于以往垂直类视频平等传播的方式,有效地提升了非遗类短视频的传播效果。此外,短视频随拍随发的特点使非遗可以进行全时空传播,这是技术赋能带来的非遗展示与传播形式的巨大变化。例如,泉州市艺术馆、泉州市非物质文化遗产保护中心、泉州市闽南文化生态保护中心,在国内现有的数字平台、公众社交平台、短视频平台上都开设了自己的官方主页,构建一个面向公众的自媒体群,使大众能第一时间了解泉州文化遗产及相关活动的最新资讯。(如图3-12)

3.传播对象

数字移动媒体技术大众普及化之前,我国非遗的传播主要以政府为主导,以传统媒体和集中的展演展示为传播方式,传播对象往往处在被动的接收位置。当非遗通过短视频来传播,短视频用户既可以是非遗的接收者,也可以是非遗的传播者,且拥有极大的选择权。

(1)非遗类短视频用户黏性较强。根据"使用与满足"理论,受众完全基于自己的个人需求和愿望来选择并使用媒介。"使用与满足"理论是站在受众的立场上来研究传播效果,强调受众的能动性,突出受众的主体地位。短视频时代受众享有的自主选择权印证了"使用与满足"理论。非遗类短视频的传播对象用户黏性较强。在短视频平台中,一方面,短视频的互动功能使非遗的传受双方能够更紧密地联系和沟通,从而增强非遗类短视频的用户黏性,增强传播效果;另一方面,非遗爱好者能够更加精准地关注到非遗类垂直视频账号,并成为非遗类账号的忠实粉丝。

图3-12 泉州市艺术馆在各大移动媒体平台上的主页二维码

(2)建构社交货币,获得身份认同。社交货币来源于社交媒体中经济学的概念,一般是指"我们"在媒体上讨论的内容代表并定义了"我们"自己的形象,以获得某种社会定位,在群体传播中获得认同感和归属感。简单来说,社交货币就是一种谈资。非遗类短视频的出现满足了非遗爱好人群建构自身社交货币的需求,通过短视频这个端口,非遗爱好者能够轻松获得全面、多元的非遗知识和文化,以此获得个人身份的认同感,建构自身的社交货币。

4.传播内容

目前非遗类短视频的传播内容,不仅仅限于非遗技艺的呈现、非遗成品的展示、非遗知识的科普、非遗传承人的宣传。快手平台《2020快手非遗生态报告》显示，快手女性用户最爱记录的非遗类型是京剧、剪纸、挑花；快手男性用户最爱记录的非遗类型是木雕、象棋、太极拳。其中，戏曲类短视频的观众数最多。

在短视频平台的大数据算法机制下，非遗类短视频要想获得更大的曝光量，首先要保证传播内容的质量，以获得高曝光率。其次，短视频画面的美观度也在很大程度上影响了非遗类短视频的点击率。根据施拉姆的"选择或然率公式"，选择或然率等于预期能获得的报偿除以需要付出的努力，受众付出的努力越小，选择的可能性越大。非遗类短视频的内容易得性也决定了其传播效果。为了提高点击率，传播主体要充分利用视频封面和文字叙述，多增添相关话题，带动传播。最后，非遗类短视频的整体制作质量则决定了该短视频能否获得点赞或评论，能否提高账号的影响力及增强非遗的传播效果。

5. 传播效果

通过短视频这种大众传播媒介来推广受众所关注的内容，将非遗的相关议题更多地呈现给受众，并通过算法推荐精准定位有效受众、潜在受众等目标受众，左右受众关注的议题，引起受众的关注，能够推动非遗的传播。衡量一个非遗类短视频的传播效果，不仅要看粉丝量、视频播放量和点赞量等数据，还要对账号的变现能力进行评估，没有变现能力的视频账号在平台上的生命周期并不会长。

国内各大短视频平台都在积极扶持非遗类短视频的发展，将技术和创意融合对内容不断开发，创意表现手法和展示形式也日益丰富，使非遗传播取得飞快的进展和客观的成果，有效解决了非遗传播的困境，如图3-13～图3-16。但从国内短视频平台的所有内容分类来看，与搞笑、游戏、美食、音乐、美妆、萌宠等垂直类视频相比，非遗类短视频仍然是短视频平台上的小众群体。以抖音平台为例，从用户行为反馈数据看，非遗单条视频的数据远低于全平台热门短视频[1]。由此可见，非遗类短视频的传播仍然具有很大的发展空间。

---

1 朱银霞.非物质遗产短视频传播效果研究[D].南昌：南昌大学，2020：62-69.

第三章 非物质文化遗产的传播视角

图3-13 以"非遗传承为主题"的纪录片展(2017年10月摄于泉州西街)

图 3-14 各类非遗项目传承人及其技艺在抖音平台上的短视频

第三章 非物质文化遗产的传播视角

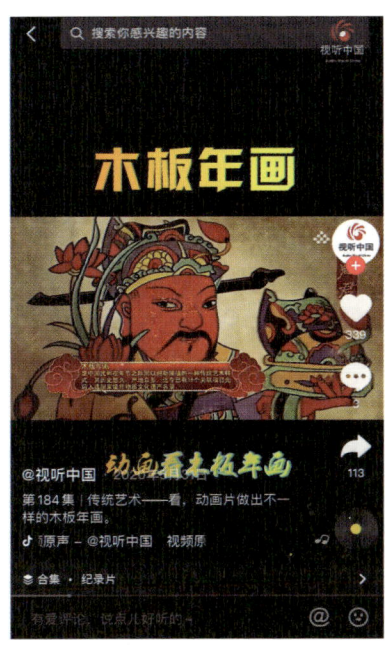

图 3-15 抖音平台上的非遗项目动画创意短视频

图 3-16 泉州网短视频平台上的提线木偶戏创意短视频《木偶戏疫情防控顺口溜》

第四章　非物质文化遗产的传播策略

非物质文化遗产是一个国家和民族历史文化成就的重要标志，是优秀传统文化的重要组成部分。对非物质文化遗产传播的理论进行研究，可以更好地将非物质文化遗产传播出去，继往开来。

第一节　非物质文化遗产的传承和弘扬

一、非物质文化遗产传承的规律与特点

（一）非物质文化遗产的传承特点

工业革命开始之后，现代教育出现并逐步完善。现代教育，在基础阶段，是通识普及性教育，在高等教育阶段，分为两个部分：一部分是强调思维训练的理论学习，如数学、哲学、文学等基础学科；另一部分是强调实验和案例模块分析的应用型学科，如化学、物理以及由此衍生出的经济学、管理学等社会科学。这些教育，都以书本（教材）学习为主要途径。在这些强调思维和知识的普通教育之外，还有强调技能学习的职业教育。工业革命后，现代职业教育的主要内容就是教授如何操作机器，为现代产业提供合格熟练的劳动者。

与现代教育相比，非物质文化遗产传承的最大特点就是始终以传承者自己的身心体验作为主要学习方式。在非物质文化遗产学习的过程中，师父（老师）除了通过语言来传授知识技能，更多的则是亲身示范。而徒弟的学习，则从旁观师

父操作、聆听教诲开始，之后经历帮工打下手、模仿，而后自己亲身操作。掌握相关技能出师后，还需要继续实践演练一定时间后，方才可以达到较为得心应手的水平。从这一点看，"体悟"是表现非物质文化遗产学习最恰当的词语，通过身体的实践来领悟要领并不断提升技能水平。虽然部分非物质文化遗产被引入现代教育模式，有了系统教材，并以课堂教学为主，但是体验和实践仍然是主要的学习方式。

部分具有群体传承特点的非物质文化遗产是在耳濡目染中，不自觉地就掌握了。比如民歌、歌谣、民间故事、民间舞蹈和一些简单的生活技能等，传承者自小就沉浸在相关的环境中，通过观摩、聆听、模仿、游戏、玩耍等，自然而然地就学会了；或者学习时，只需要长辈简单地提示、指点，就可以掌握要诀。

无论技术难度如何，非遗传承的最基本特点，就是通过体悟、感受、模仿、操作等，积累经验，从而掌握技艺或知识，也就是通常所说的手口相传，口传心授。由于传承中经验的积累至关重要，所以对于具有丰富经验的师父，学徒的态度是谦恭的，甚至是无条件服从的。

（二）非物质文化遗产的传承周期

由于身体是非物质文化遗产传承的主要载体，所以传承者在体力与智力上的变化周期就从根本上决定了非物质文化遗产的传承周期。

1. 技艺掌握的普遍周期

学者对普通人成为一位专业人士的训练时间做出了各种研究和总结。"刻意练习"理念认为学习时间没有一个基准概率，但也认为由于刻意练习，必然包括时间上的长期投入。

大部分非物质文化遗产的共同点是，技能掌握都需要经验的不断积累。虽然学者在成为专业人士所需的学习时间上观点不同，但都强调长时间的反复练习和有针对性的提高训练的结合。从时间上看，他们认为5年的刻苦学习是成为专业人士必需的基础时间，如果要更为杰出，则需要更多时间的投入和更好的学习技巧。

传统上，无论是学戏还是学手艺，一般作为学徒跟随师父学艺的时间都是

3年。之后学戏的可以上台担任角色，学手艺的可以制作一般的产品或者给师父做主要帮工。但一般3年就出师，其中大部分人还需要以帮工或无偿劳动的方式继续跟着师父学习来提高技艺。这样5年后就对技艺较为熟悉，做手艺的能够独立谋生，演戏的可以担任重要角色。如果要达到熟练的程度，一般要经历10年的磨炼，优秀的则可以成为行业的后起之秀。例如泉州提线木偶演师需要苦练"传统线规"8至10年，才能上台操演木偶。但之后要进一步掌握技艺精髓，并在此基础上形成个人的独特风格，则一般需要20年的磨砺。相对于现代科技的掌握，这一周期是很漫长的，但却是很难逾越的。这是由非遗的特点决定的。非遗是依赖人的身体和脑力的共同作用来展现的，所以没有足够的身体力行的实践，就无法积累足够的经验，也就无法掌握技艺的精髓。

传承者要有一定的学艺天分，还要有较为强烈的学艺意愿，勤奋学习，一直不断实践体悟，欠缺这几点，很难达到以上阶段的水平。其中也有一些人天赋异禀，得以在比他人更短的时间内掌握相关的技艺，并且更容易超越一般人的水平，成为行业的顶尖人物，或者开创某一种新的技艺或流派，但这种人不常见，所以他们个人的特殊性，不代表行业的普遍规律。

2. 部分非遗项目有其特殊的掌握周期

（1）基本生存技能型。众多在当下掌握者很少而被认定为非物质文化遗产的技艺，在历史上却曾经是某一区域人人都能够掌握的技艺，是他们基本的生活技能。例如在农业社会中，男人都必须掌握种植农作物、制作简单农具等技能。在游牧地区，放牧、驯马、搭建蒙古包（或毡房）、治疗牲畜常见病，是男人们必需的技能。而在前工业时代，世界各地的女性大多在出嫁前就精通了纺织（或处理动物皮毛）、缝制刺绣衣物、制作食品等基本技能。以上这些技艺，是普遍的生存技能，技艺难度较低，掌握的周期也相对较短，也因为是最常用的技艺，运用习练的频率最高，一般在3～6个月内即可基本掌握，2～5年就可以非常精通。

但随着工业时代的到来，传统生产生活方式的改变，这些曾经被普遍掌握的基本生存技能也逐渐失去原有的功用，掌握的人也逐渐变老减少，反复练习的可能性降低，学习的难度也比之前提高了。

（2）耳濡目染型。耳濡目染型的非物质文化遗产，是指传承者自出生就生长在相应环境中，很自然地受到熏陶，自觉或不自觉地就掌握了基本技能、知识，或者毫无选择地遵循了某些习俗或行为习惯。很多植根于民间的自娱自乐的文学、音乐、舞蹈、表演艺术，其传承就是一种群体性的行为，并无非常明确的谱系，也不会正式拜师，就是自小生活在相应的环境中，通过模仿或参与活动就自然而然地习练掌握了。哈萨克族、蒙古族、维吾尔族、侗族等众多民族一直就有着深厚的歌舞传统文化，在那种歌舞环境中出生长大的孩子，大部分能歌善舞。再如，传统童谣过去是民间儿童娱乐的一种口传文学形式，二十世纪七八十年代，生活在闽南地区的儿童仍然能懂得念唱一两首。

在一些以非物质文化遗产技艺作为谋生手段的家族或特定区域内，其家族成员或居民学习相关技艺就从耳濡目染开始，很小就接触到相关技艺。旁观、模仿、帮忙打下手这些学习的初步阶段在很小的时候就开始了。出生于戏剧世家的孩子，会说话会走路就开始模仿大人演戏；盛产陶瓷的地方，孩子们最早的游戏就是玩陶泥捏泥人；民间木偶戏班长大的孩子，从小就喜欢把弄提线木偶（如图4-1）。

耳濡目染型的传承，其传承学习的周期与一般周期在长度上是大致相同的，但是因为传承者在很小的时候就已经熟悉了相应的环境和环节，或者就已经入门，所以具有先天的学习优势。这样就会出现两种情况：一种是很早就掌握、精通相关技能，幼年学艺，少年成名；一种是当他们正式开始学习，掌握技艺的时间会比其他人更短，掌握的程度更优。

图 4-1　木偶戏班的子女从小耳濡目染

（3）经验积累型。不断习练，积累经验是非物质文化遗产技艺掌握学习的主要途径，而有些非物质文化遗产技艺的掌握与娴熟运用，则更依赖经验的积累。这类技艺中的杰出匠人和艺人无不强调学技艺就是要做"笨人"，坐得住冷板凳，愿意年复一年地重复练习看似枯燥的技艺。这类技艺在学习的过程中，更需要传承者的耐心和定力，因此，其入门的周期可能和一般技艺大致相同，但要达到熟练运用的程度并成为行业中的佼佼者，则需要更长的时间。比如泉州提线木偶戏表演，操演师要学会一套世代相传的理线技巧和线规，这是解决组织木偶连续动作表演问题的基本功。泉州传统提线木偶戏表演有十二条理线技巧，共有三十多个科目的"基本线规"，涉及步态、心态、打斗、礼仪等表现形态的所有基本动作规范，是泉州传统提线木偶表演动作的基本范式及组织连续性动作的技艺准则，必须在师父的重复指导和言传身教下，经过十年八载的下苦功夫练习，方能做到十几二十条的悬丝一把抓在手上，了然于胸地按照钩牌的线位，手指熟练地往复交替搭配操演木偶做各式连续动作，进入正式的上戏台表演。（如图4-2）又如苏州御窑金砖的制作中，每道工序都极为严格，必须在有多年生产经验的老师父指导或亲自参与下才能完成。掌握古旧书画修复技艺的艺人，能够让损毁极为严重的书画"回春"，人称"书画郎中"。其中漂洗、揭画芯托纸、补洞、全色等工序，稍有不慎就会前功尽弃。有些工序全凭艺人的手感、味觉、触觉等经验，只有多年操作实践，才能运用无误。所以能够修复各种特殊的残旧破损书画的艺人，往往需要30年以上的从艺经历。经验积累型的技艺无论是掌握还是娴熟应用，都比一般周期要更长。

图 4-2 泉州提线木偶戏代表性传承人林文荣的徒弟们每天都要到他的场子中练习(摄于 2016 年 9 月)

（三）传统非遗的传承方式

在前工业社会中，非遗的传承从传承双方的亲疏关系来看，分为家族传承和师徒传承两种模式。从传承的人数构成来看，分为个体传承、团体传承、群体传承三种模式。

1. 按照传承的亲疏关系分类

（1）家族传承。前工业社会在非遗的传承中，家族传承远比现代社会更为广泛。尤其是在具有一定技艺难度和商业价值的手工艺、医药等领域，一些有特殊秘方或配料的医药和包含特殊技艺的手工艺基本为家族传承，秘不外传。家族传承有利于技艺为家族成员持有，更能够保持在行业中的竞争力，甚至垄断地位。而且由于家族成员自小耳濡目染，无形中就将学艺时间提前。非本家族成员一般要到一定的年龄才开始正式拜师学艺，而家族成员可能在出生后就接触相关的技艺和知识，比其他人更容易上手，正式学艺时间更短，也更容易掌握技艺精髓。在工业革命之前，生育率普遍较高，一般情况下，家族内部也有足够的成员供遴选成为技艺的后继者。在前工业社会中，择业范围相对狭窄，很多非遗项目的市场和受众主要集中在一定的范围内，也就是熟人社会的范围内。家族传承不仅更容易积累经验，而且也更容易积累声誉。以上几个方面的原因，促使家族传承盛行于前工业社会。

（2）师徒传承。在传统社会中，虽然家族传承普遍，但非血缘关系的师徒制也一直存在。尤其是在那些技艺难度较低，或者市场需求较大、需要较多劳动力的行业内，师徒传承就是主导的传承方式。在这类行业中，家族传承难以提供足够的劳力和技术人员，需要从家族外补充劳动力。而学徒在学艺期间的劳动是无偿的，虽然技艺水平很低，但也可以做些简单初级的工作。学徒学习期满，掌握一定的技艺后，一般也要继续为师父无偿或低价劳动一段时间，这样就可以补充技艺人员。

与家族传承不同，师徒传承是有偿传承，学费视技艺难度而不同，难度越高，越为稀缺，学费也就越高。但有时候，师父会不收学费，而以无偿劳动来替代。不过，即使缴纳了学费的学徒，也要无偿劳动。而且在学艺前，要进行正式的拜师仪式，通过仪式来确定师徒关系，并强化学徒学艺的严肃性。在一些有行会制度的行业内，学徒拜师往往在行会的特定活动场所内进行，学徒需要对师父行跪拜礼，供奉礼物或学费，并做努力学艺的口头保证。学徒和师父之间还要订立学艺的契约，如学徒必须无条件服从师父。有的契约还规定了徒弟在学艺期满后的种种约束，内容大多是遵守行规、诚信经营等。

2.按照传承双方的人数构成分类

（1）个体传承。个体传承是一对一的传承，主要集中于那些个体可以独立完成的非遗项目中，比如刺绣、雕刻、编织、中医诊疗、独舞、独奏等。

个体传承视师徒之间的数量对比分为两种：一种是完全的一对一，即一位师父只教授一位徒弟；另一种是一位师父教授多位徒弟。从徒弟自身而言，其只是一位师父的学徒。徒弟无论数量多少，都接受一位师父的传授。

在传统社会中，社会的分工程度较低，很多非物质文化遗产是以个体形式来生产或表现的，加之非遗传承口传身授的特点，所以个体传承是主要的传承方式。即使在传统社会的后期，分工协作程度不断提高，但分工协作的方式，往往是多个作坊分别进行某个流程或组成部分的生产，他们是整个生产链条中的一个组成部分，就其生产而言，也还是个体化的，如常州梳篦有几十道工序，在20世纪50年代之前，常州存在着上百家梳篦作坊，几乎没有一个作坊是将所有工序都集中于一家的，而是各取所长，分工协作：有的只做梳子基本形状的开料，有的做梳齿部分，有的负责在梳子上雕刻，有的负责绘画烙画。一把小小的梳子，是多家作坊合作的产物。现在的泉州提线木偶戏布袋木偶的制作，仍然保留着一些人雕刻木偶头、一些人制作头饰头盔、一些人制作服饰金苍绣等的合作模式，每个作坊的师父也就只专攻部分工序的技艺。（如图4-3、图4-4）所以他们在传承中也就只学习传授这部分技艺。

图 4-3　泉州提线木偶头"钟馗"　　图 4-4　泉州布袋木偶"齐天大圣"

（2）团体传承。团体传承主要在那些需要密切分工协作的非遗项目中，最典型的是戏剧、大型器乐合奏、群舞等。这类项目，在生产和表演的过程中必须互相协作、一气呵成，非常强调团队精神，一个部分的不足或配合不好，就会影响到整体的效果。所以在传承中，也要采取团体传承的方式。在传承过程中，学徒即使专攻某一种技艺或某一部分技艺，也需要了解其他技艺，并且在学习专长技艺后，还需要学习如何互相配合。在戏剧传承中，学徒先学基本功，某位师父会教授基本身段，某位师父会教授基本唱腔，而后再根据所长，跟随某行当的师父学习，最后在登台表演前学习如何互相配合。

传统社会中，一些名气很大、市场需求较大的老字号或者手工作坊、剧团班社，类似于今天的公司，需要不断补充劳动力或者技艺人员，所以会组织一个授艺团队，招收一定数量的学徒，对新招收学徒进行技艺传授。在技艺传承中，学徒学习不同的科目行当或工序技艺。如制药老字号，会让学徒分别学习采药、选药、煎制、制丸等各种不同技艺；木偶剧团会让学徒分别学习编导、表演、舞美设计、制作等技艺。期满后，这些学徒就会成为伙计等工作人员。团体传承由生产或演出机构来组织实施，学徒入其中学习时，也就意味着未来将要成为其中一员。其传承过程，也就是培养后继成（雇）员的过程。

（3）群体传承。群体传承主要存在于那些群体共同参与的民俗项目和一个地区普遍流行的口述表演艺术、生活技能中。这类项目，对于其单个传承者来说，自出生就生活在相应的氛围或环境中，耳濡目染，广受熏陶。传承者自幼就跟随大人学习，或者就在模仿众多人的行为中了解了相关知识，掌握了相关技艺。虽然其可能会跟随某个杰出的艺人或者亲人学习，但是这个师父却绝不是唯一的师父。群体传承的最大特点，就在于学徒的师父不是明确的某个人或某几个人，而是一个相对模糊的人群。这个人群中，会有技艺突出的人物，对后继者技艺的提高、知识的增长起了重要的作用。但如果脱离了群体的支撑或影响，其作用就会减弱。

对传承者而言，传承方式并非一成不变，而是互有交错。比如一个传承者出生在某个非遗世家，跟随家人习得了基本技艺和家族特有的技艺，但之后又再拜其他人为师，博采众长提高技艺。又如某个传承者出生于某个非遗文化地，在不知不觉中，就入门学得技艺。之后，会在某个生产团体内接受团体传承。又由于天赋好和勤奋，而获得某位名师肯定，于是就对他进行一对一的个体传承。所以无论项目的表现形式和实现方式如何，作为个体的传承者在掌握技艺的过程中，却呈现出更为多元的方式。

无论是何种传承方式，在前工业时代中，非物质文化遗产极少会采取学校教育的方式进行普及化的教学。在传统社会中，非物质文化遗产的师父极少是专职的。唐朝梨园，作为宫廷演出机构，也兼有培养歌舞艺人的功能。宋代画院，作为宫廷绘画机构，也有提升被选中画师绘画技能的教育功能。隋唐时确立的科举制，其中的天文算学历法等科目，因为也是考试科目，所以有专门学校培养这方面的人才。但在中国传统社会占据主流的官本位意识中，这些学科是被轻视的，而且需求很少，所以类似的专门学校是很少的。在前工业时代，具有商业价值、与谋生相关的技艺，大部分采取学徒制进行技艺传授，家族传承也是如此。不以谋生获利为目的，而是具有陶冶情操性质的文艺类技能，如文人的琴棋书画，也会以师徒传承方式进行。普通民众具有娱乐性质的讲唱、故事传说、歌舞、曲艺、童谣等，则多为群体传承。无论何种传承，都采用以身体的实践操作为主的传承方式。

个体、团体与群体之间的传承方式，也并不是固定不变的，而是根据职业发展而变化，往往与分工协作有关，如制作陶瓷，本来是单个人可以独立完成的手工艺，但是在明代的景德镇，制作陶瓷已经分为选土、练泥、制坯、拉坯、画瓷、上釉、烧制等多道流程，很多手艺人专攻其中一道流程。在传承中，学徒也会专攻其中某道流程。但是在浙江龙泉和泉州德化，至今，青瓷和德化瓷制作的工序未出现严格的分工，很多手艺人都是熟悉掌握全部流程的，所以在学艺时，也往往只需跟随一位师父，就可以学得全部流程的技艺。20世纪80年代后，个体生产成为主导生产方式后，传承也开始转为以个体传承为主了。

二、非遗传承的新变化与新趋势

在工业化的过程中，非物质文化遗产的传承呈现出新的变化与趋势。这些变化与趋势有些是为了适应新的时代而做出的变通，有些则是在后继乏人的情况下做出的无奈之举，有些则是原有的观念改变后的产物。

（一）商业化、职业化、社会化传承

在前工业社会中，很少有非物质文化遗产技艺采用学校教育培养后继者，绝大部分是通过师徒口传身授来实现传承。工业革命后，社会化课堂教学日益成为主流教育方式，国民教育体系逐步建立，职业技能教育也逐渐纳入各国的国民教育体系。在这种趋势的影响下，一些具有产业优势、需要大量技术工人的非遗项目，也开始采用近代教育模式，并纳入职业教育体系，以学校教育作为基础技能学习的主要途径。

在工业革命开始后，培养后继传人开始从原来的各类生产演出机构中剥离出来，出现了专职的教育人员和专门的教育（或传习）机构，学艺者不再是学徒，而是学生。除去少数公益性的机构不收取学费外，这类专门化的学校或传习机构，都会收取一定的学费。即使不收学费，也大多是由某些生产单位（或演出机构）委托培养，学费由委托单位承担。这些传习教育机构，都具有商业化的倾向。在1949年之后，众多传统戏曲、手工艺等，被纳入职业教育范围。政府建立学校，编写教材，对学生进行系统的培训。如泉州艺术学校是培养高甲戏、梨

园戏、南音、木偶戏等传承人才的摇篮。（如图 4-5、图 4-6）德化陶瓷职业技术学院（泉州工艺美术职业学院前身）为泉州培养了众多的传统陶瓷工艺人才。黎明职业大学、福州工艺美术职业技术学院为社会输送了传承传统脱胎漆艺的工艺人才。泉州师范学院设立了南音本科、硕士专业，为更好地在保护和传承的基础上创新发扬这一世界非物质文化遗产项目，创造了较高的理论研究和人才培养的平台。（如图 4-7）在改革开放之前，由于中国的社会生产力整体低下，就业渠道狭窄，手工艺是重要的出口创汇产业，因而在薪酬等方面尚有优势。在计划经济体制下，传统手工艺和戏曲等职业学校（院）毕业的学生也有包分配的优势，所以当时这类学校的生源稳定。但是在改革开放之后，各类非遗项目先后式微，随着就业渠道不断拓展，学习非遗文化逐渐失去原有的优势。20 世纪 90 年代后，毕业生逐渐不包分配，学生需要自行寻找就业单位，加剧了学习传统表演艺术和手工艺的生源的减少。很多职业学校裁除相关专业，或者改变教学内容。比如前身为苏州工艺美术专科学校的苏州工艺美术职业技术学院，其传统手工艺专业如玉雕、刺绣等，已不再是常设专业。

图 4-5　20 世纪 90 年代初泉州艺术学校提线木偶戏班的课堂教学（陈俊翔提供图片）

图 4-6　泉州艺术学校的提线木偶头雕刻课堂教学（陈俊翔提供图片）

到 20 世纪 90 年代中期，在表演艺术领域，保留传统戏曲的常设专业教育只有京剧和有较大影响力的地方戏曲，如梨园戏、高甲戏、越剧、黄梅戏、昆曲、锡剧、评弹、二人转等。而很多地方小戏，一直就以草台班子、民间剧社

第四章 非物质文化遗产的传播策略

图 4-7 泉州师范学院南音专业学生 2014 年参加日本东京艺术大学艺术交流活动中的表演（摄于 2014 年 9 月，日本横滨）

的形式在自行传承。在手工艺领域，只有少数有较大市场潜力的还有专业教育。所以目前在整个非遗传承领域挑大梁的中坚力量，还是计划经济时代通过学校教育培养的那些人才。这也说明，在计划经济时代，学校教育为非遗传承起到了重要的作用。

而随着手工艺生产的私有化、个体化，传统手工艺的传承又转而以师徒制为主。所不同的是学徒开始学艺的年龄普遍提高了。因为他们要在接受完义务教育之后才开始学艺。在手工艺领域，出现了学徒接受了中等和高等教育后，才开始学艺的现象。但是无论是学校教育还是师徒教育，师徒双方之间的关系却越来越类似商业交换关系。学徒对老师或师父不再无条件地服从，传统的师徒关系中对徒弟而言的各种不平等义务在不断减少乃至消失。师徒双方更为平等，但与此相应，师徒之间的密切程度也在降低，技艺的传授与学习越来越接近商业性质的教学与培训。而在非遗整体衰微的态势下，很多后继力量不足的行业，为了吸引年轻人学艺，师父也不得不改变原有的模式，对学艺的徒弟给予各种优惠或厚待。如付给徒弟一定的劳动报酬，改善徒弟的学艺环境，徒弟达到一定的水平就给予职工待遇，发工资缴纳社保等。这类后继乏人的非遗，师父传授技艺给徒弟，就是在寻找自己的接班人，所以会努力吸引徒弟学艺，并且会尽可能地传授技艺给徒弟。双方之间的关系与传统的师徒关系相比，某种程度上是一种反转。

由于非遗传承的特点，即使采用现代社会化教学模式，学生的学习也必须通过实践来领悟。面对面、手把手，仍然是非遗教学的特点。即使在现代社会，纳入现代教育体系的非物质文化遗产也并非多数，主要是那些有着较多受众的项目。对于整体呈现衰微的非物质文化遗产而言，师徒传承仍然是主要的学习模式。在艺术学校的教学中，学生掌握基本技艺后，也是采用一对一的学徒制技艺教学。泉州的梨园戏、高甲戏、木偶戏，还有苏州评弹和昆曲等青年演员，主要通过专业学校来培养，但是在进入院团后，这些青年演员还需要专门的老师进行传帮带的指导。即使是已经达到一定水准的演员，也不断地拜老演员为师以提升技艺。学校教育和传统师徒传承互有优势，在实际传承中，往往形成了一种互补模式。（如图4-8～图4-10）

图4-8 泉州梨园戏团的年轻演员表演（吴云轩提供图片）

图4-9 泉州高甲戏团的年轻演员表演（吴云轩提供图片）

图4-10 泉州木偶戏团的年轻演员表演（施维猛提供图片）

（二）界限不断被突破

在工业文明推进的过程中，原有的各种社会结构、生产生活方式都在瓦解或改变。反映在非遗的传承中，原有的各种壁垒正在或已经被打破。

在传统社会中，众多技艺在家族内部传承，无血缘关系的他人难入其门，或者入其门而难得门道要领。但是在近代以来，随着资本主义的不断扩张，传统的家族作坊无法满足更大规模的生产，工厂制、公司制更能够适应大规模的生产。知识产权制度的不断完善，也使得家族内部掌握的部分技能，即使传授给外人，也不会危及家族的利益。而生育率的不断降低，也使得一些家族难以有足够的后继者来传承技艺，需要从家族以外来补充劳动力和技术人员。因此，很多非遗的家族传承传统被打破，取而代之的有两种方式：一是商业化的技艺传授；二是以技艺授权（知识产权）使用、加盟等方式来扩大技艺的使用范围。

20世纪50年代，在公私合营的过程中，很多家族经营的企业或老字号将秘方绝技一起交给国家，之后这些技艺就不再为某个家族所专有，改为企业内部传承。如雷允上六神丸制作技艺，在公私合营后，被列为国家级秘方，受到严密的保护，但传承体系由此转为公司传承。公司严格遴选合适的传人来学习技艺，并且传人在学艺时，也要签署保密协议。不过一些持有具有高度商业价值的秘方绝技的家族还是不会轻易将其透露或传授给非家族的人员，而尽量继续在家族内部传承。如果一定要传授给外人，多采用高价出售的方式，或家族成员以股权形式来进行利润的分割。但是对并不具有突出商业价值的技艺而言，非血缘关系的师徒传承或者商业化技艺传承已经成为主要传承方式。

由于后继者的缺乏，加之观念上的改变与进步，原本在传承上有性别、地域或者民族限制的非物质文化遗产，不得不打破原有的限制来确保传承。在城市化的进程中，大量乡村青壮劳动力前往城市谋生。原本只能由男性传承的各种非遗，开始有女性参与，甚至有些已经以女性为主了。例如舞龙、舞狮等，传统上必须由男性来表演，但现在很多地方，已经出现女子舞龙和女子舞狮。一些祭祖活动，曾经严格限制不得由女性参与或主持，但现在不仅女性可以参与，而且有些女性还是主持者。在景德镇、德化等陶瓷产业集聚地，曾经的规训是女性绝不可以参与烧窑。但是现在这些禁忌已经不再，烧窑也有女性参与。一些传统手工艺采用机器来完成技术含量低且艰苦的工序，在成型阶段，女性细腻耐心的优势就可以得到发挥。所以在这些行业中，也开始出现女性艺人，如石雕、砖雕、家具制作等。

由于青壮年劳动力都有着养家糊口的责任，而无暇再从事那些娱乐性的传统表演艺术和手工艺创作，在很多地方，一些自娱自乐的民间表演艺术，如舞龙舞狮、火鼎公火鼎婆、拍胸舞、扭秧歌、挑花篮（图4-11～图4-14），或技术难度不高的手工艺，如简单的剪纸、刺绣、编织、雕刻等，学艺者的年龄偏高，退休后从艺的老人比例不断提高。老年人有更多的可支配时间，也更能够坐得住，所以更适合从事这类非遗的传承。随着平均寿命的不断提高和老年人健康水平的普遍提升，人们即使在退休后从事非遗的传承，也会有更多的时间来提升技艺水平或者将技艺不断熟练化。而从事非遗的生产和表演，也更有助于老年人的身心健康。随着老龄化社会的到来，今后将有很多人在退休后开始学习非遗技艺。

图 4-11　泉州火鼎公火鼎婆

第四章 非物质文化遗产的传播策略

图 4-12 泉州拍胸舞

图 4-13 元宵节活动中的传统舞狮表演

67

图 4-14　元宵节活动中的传统舞龙表演

随着现代交通发展和城市化的推进，人口流动性不断提高，大量人口集中于城市，尤其是中心城市。生育率的降低，使得每个地方原住人口的数量都在降低。原住民因为生活条件的改善，不愿从事传统的手工艺或者表演艺术，一些曾经有着突出地方或民族特色的非遗，在本地的原住民中，找不到足够的传承后继力量，不得不打破曾经的地域限制，增加非本地原住人口的传承者。如泉州妆糕人原本是泉州双洋张氏家族世代相传。作为省级非遗代表性传承人，张志勤堪称妆糕人制作技艺最为精湛的人物。由于妆糕人行当基本没有社会需求濒临消失，当代传承人张明生、张明铁（图4-15、图4-16）虽有受祖传，但并不以此为生，张氏家族年轻人要学妆糕人制作技艺的已经很少，所以就有苏梵、万伟龙等外地外姓人学习了一些技艺，成为传承人（如图4-17、图4-18）。此外，如苏州的众多手工艺，从艺者不再局限于本地人，很多青年学徒都从外地招募。即使是与方言密切相关的戏曲表演，在很多城市或发达地区也出现了外地学艺者。所以即使是具有就业优势的城市，非遗传承也不得不打破原有的地域限制，通过给予户籍、就业等各种优惠政策来吸引外地的学艺者。

（三）传承者年龄与技艺水平的变化

在传统社会里，一些日常生活技能型手工艺和广泛流传的自娱自乐型的表演艺术，其从业者在年龄结构上，除去不具备活动能力的老年人和幼儿外，各年龄层都可以从事。而具有较大受众和市场的手工技艺或表演艺术，其从业者在年龄结构上则呈中青年多，老年和少年（正学）少的状态。这两种类型的非遗，从业者的技艺水平基本都呈现为技艺水平越高，人数越少。

在非遗后继乏人普遍存在的现代社会中，从两种类型的非遗从业者的年龄结构上看，虽然还能基本保持原样，但是从数量来看，与其繁荣期间相比，都在减少。比如红木家具制作、高档首饰加工、特色食品制作、烹饪技艺等这些仍然具有较大受众和市场的传统手工艺，便存在着上述这种状况。而且这种年龄结构还存在着地区或企业间的不平衡。整体经济发展良好的地区和经营状态良好的企业还能保持这种状态，经济不好的地区和企业，从业者的数量就更少，且呈现出中青年数量低于老年数量的年龄结构。

图 4-15 泉州妆糕人传承人张明铁

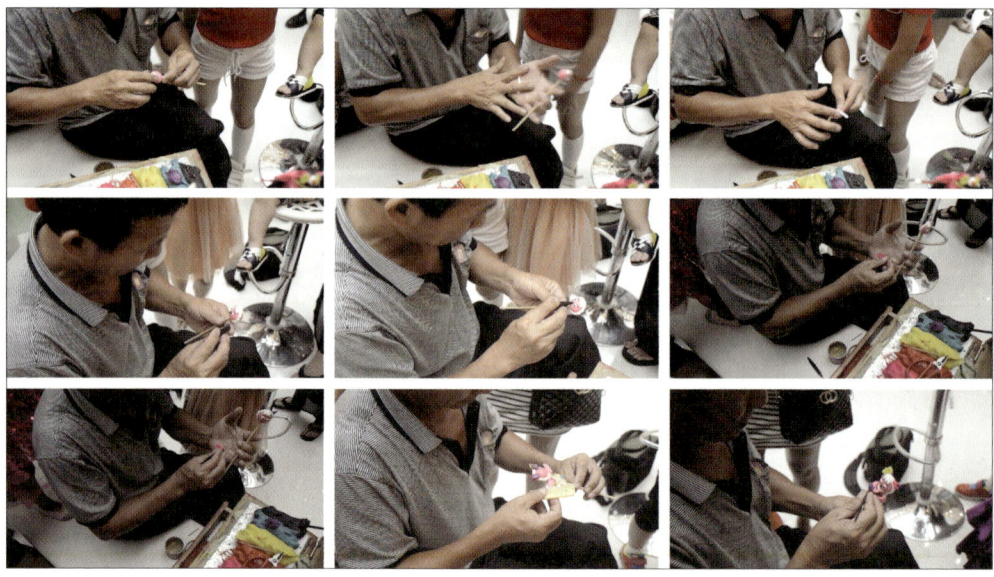

图 4-16 张明铁在制作妆糕人（蔡希阳提供图片）

第四章　非物质文化遗产的传播策略

图 4-17　泉州妆糕人传承人苏梵

图 4-18　苏梵作品（苏梵提供图片）

71

一个具有良好发展趋势的非遗项目，应具有足够数量的从业者，通过同行间的良性竞争才能不断提升技艺，由此产生技艺精湛的佼佼者。没有足够数量的传承者，便也难以实现行业整体技艺水平的不断提高和发展。

三、传承的动力及其实现途径

在非遗传承后继乏人普遍存在的时代背景下，很少有非遗项目不需要担忧后继者的补充，尤其是高素质后继者的补充问题。如何确保有足够的且符合条件的后继传承者，使传承可持续良性发展，将一直伴随着众多非物质文化遗产的存续工作，成为保护工作的核心。而这需要切实根据非遗的存续规律和时代的发展特点，有区别地确定传承的合理方式与激励手段。

（一）传承的动力

要确保传承的良性可持续发展，就要使后继者产生足够的传承动力。传承动力主要为物质条件的满足和获得社会认可的精神满足。

后继乏人现象存在的直接原因是后继者失去了传承的动力。传承动力的缺失，最主要的原因是所从事的非遗受众市场萎缩，不能够满足传承者的物质需要，有时候甚至无法提供基本的生存保障。但也不能忽视社会风尚、文化氛围的影响。因为有些非遗并不缺乏受众市场，能够为从业者尤其是技艺较高的传承者提供较为优厚的报酬，但青年人却会因为社会普遍的择业观的影响，或者因为对某个非遗的不了解而没有传承意愿。而对于那些与物质需求无关的项目，公众观念和文化氛围对后继者的影响就更为重要。唐装、汉服、旗袍的逐渐盛行，昆曲、古琴等受众范围的不断扩大，与社会风尚的改变相关，与人们对这些非遗文化内涵的理解相关，更深层次的，则与国人对传统文化的自信提高有关。所以当某一行业获得社会的普遍认可时，就会为从业者带来更多的自信与荣誉感，就会增强其从业的动力。

（二）传承动力的实现途径

1. 外界力量介入

政府等外界力量推动传承工作的着力点，就在于让后继者在从事非遗的过程中，获得相应的物质条件和精神满足，由此增强从事非遗传承的责任感和自信心。政府力量的介入，应更多致力于营造尊重传统文化的社会氛围，扩大非遗的社会关注度，通过各种政策杠杆，引导更多的社会力量来参与传承工作，并且充分发挥市场对那些具有市场潜力的非遗传承的推动作用。而社会力量，则在于协助引导传承者获得相应的受众和市场，也就是从营销、传播角度去拓展市场和受众。所以外界力量对传承本身，应主要着力于引导、营销、传播等工作，来为传承尤其是初始阶段的传承提供必要的政策、资金、运营等方面的条件，同时激发传承者的传承动力。

2.传承者自身努力

虽然有部分非遗项目获得了外界力量的支持，如政府或公益性机构为激励青年人学艺，为后继者提供一定的物质条件和精神褒奖，但从长远角度看，仅靠外界的输血是无法获得可持续的动力的。而且由于后继乏人的情况普遍，这种方式只适用于极少数项目，并不具有广泛的可行性。最重要的动力还是来自传承者自身的努力。传承者作为非遗的生产者和实践者，会努力通过各种手段来吸引后继者。

为了传承的可持续和自身的生存，传承者在实践中，必然会思考如何保持或获得受众与市场。只是一些传承人会囿于地域、时代、年龄、文化水平，而不了解时代的变化，无法找到获得受众和市场的有效途径。培养年轻的后继者本身，就是在为非遗存续注入新的活力。因为年轻的后继者会根据自己所处的时代的观念，去理解或诠释非遗，也会按照新的时代审美需求或风尚对非遗的原有功能进行扩展或改变，从而提供更符合现代人和年轻人审美需要的物质产品和精神产品。

传承最重要的动力来自传承者本身，外界保护对于传承者而言，要着力于如何为他们提供足够的信息资源，如何拓展他们的眼界，了解新的时代变化，并在必要时提供产品设计及营销方面的支持。而这些内容，也应成为青年传承者培养的内容之一。

3. 多种层次传承

对应不同受众和市场的非物质文化遗产的传承也应呈现多种层次和特点：

（1）低难度、广应用性技艺的传承可以通过扩大市场实现。有些非物质文化遗产，曾经有着广泛的市场和受众，技艺难度较低，因而曾经也有广泛的从业者。虽然衰微，但在现代社会也依然有工业产品不可替代的优势，比如竹编、柳编、土布织染等，因为高环保低污染的优势，在现代重新获得消费者的青睐。如果有足够的劳动力从事，也可以实现单位时间内的效率提升和成本的下降，而且在实现劳动力的本地就业、解决农村空心化方面有突出的作用。这类非物质文化遗产的有效传承不仅具有经济价值，而且还有巨大的良性社会效益。所以各方面都应努力去挖掘其潜在市场。这类非物质文化遗产在获得市场后，因为技术准入门槛较低，还可以通过短期培训等方式，培养后继者。

（2）陶冶情操或自娱性质项目，以非职业化传承为主。有些非物质文化遗产项目，如琴棋书画、各种民间表演艺术等，其功能主要是陶冶情操或自娱自乐，不具有实用功能。在现代社会里，原本具有实用功能的武术、剑道、简单手工艺等，也脱离了实用功能，而被一些爱好者视为怡情养性的手段。这种娱乐性的项目，其传承的重要前提是传承者的喜好，虽然大部分人的技艺可能一直处于低水平，但如果有足够的数量，其中一些痴迷者就会掌握精髓。中国历史上的书画大家、古琴名家多为达官贵人，并非专职从业者。昆曲、京剧的名家，也有不少票友或曲家。这类非遗的一大部分传承者一直就是非职业化的，只是业余爱好者，但并不妨碍其中一些人对项目的传承与发展做出重要的贡献。随着中国社会富裕程度的不断提高，随着对传统文化自信的整体提高，这类陶冶情操或自娱自乐的非物质文化遗产将会出现更多的非职业传承者。这种传承的增多，对于传统文化的传承和社会整体文化素养的提高，都是大有裨益的。

（3）市场需求小、技艺难度高的项目，以少量高难度传承为主。一些非遗技艺难度较高或者对传承者的文化素养有较高要求，因此学艺门槛较高，且学艺时间较长。受众相对较少，市场相对狭小，传承者数量自然就少但技艺水平都较高。如果传承人数量超过市场需求，就很容易出现粗制滥造或恶性竞争的现象。

例如缂丝技艺，因通经断纬的织造方式技艺难度高，一直被称为"织中之圣"。南宋以来，以织造书画题材的艺术品和为皇家织造服饰与圣旨文书为主。到20世纪，缂丝主要集中于苏州地区，在计划经济时代，以复制文物、织造国礼和高端艺术欣赏品为主。20世纪80年代后期，开拓了日本市场，有一千多名水平一般的艺人专门制作缂丝服腰带，为争夺市场，不断降低价格，结果造成粗制滥造，也降低日本市场对缂丝价值的认知，最后导致日本市场完全失去，缂丝生产由此受到重创。而泉州非遗项目金苍绣，多年来来自台湾地区的订单源源不断，其在泉州的传承人群体一直保持在小范围内，且都局限在中老年妇女。所以技艺难度高的传统手工艺或表演艺术，不应鼓励引导扩大传承者的数量，而重点在于提高传承者的素养，并以一贯的精湛技艺去保有和赢得市场。（如图4-19、图4-20）除此之外还有注重家族传承的泉州的传统花灯、轧纸工艺和师徒传承的提线木偶头雕刻制作工艺等（如图4-21～图4-23）。

这类技艺，应鼓励家族传承，因为家族传承更能够实现技艺的无保留传承，并且后继者自小生活于相应的环境，耳濡目染，更容易入门，也更容易得到真传。

图4-19 泉州金苍绣传承人陈克忍在节日活动上的非遗技艺展示表演(蔡舒翔提供图片)

图4-20 泉州师范学院服装设计专业学生将金苍绣技艺应用到现代时装设计中(蔡舒翔提供图片)

第四章 非物质文化遗产的传播策略

图 4-21　泉州提线木偶头雕刻技艺的传承（陈俊翔提供图片）

图 4-22　泉州元宵花灯技艺的传承（蒋长云、黄曦农提供图片）

图 4-23　江加走木偶头雕刻
（陈晓萍提供图片）

（4）部分具有突出文化价值的非遗，需要外力来支撑传承。原有文化生态环境完全消失的非物质文化遗产，是无法强求其在当代繁荣的。但部分具有突出历史文化科学价值的项目，作为民族文化象征与历史见证，应当保有一定的活态传承。例如，苏州桃花坞木版年画，明代中后期就已盛行于世，历史上曾经达到极高的技艺水平，如十三色套印、细微到胡须和服饰花纹的刻印等。其不仅对中国年画的发展具有重要的见证价值，而且对整个江南地区木刻、绘画、印刷等技艺都有着深刻的影响。扬州雕版印刷，对很多外行看来似乎并不重要的细节都有着严格的规范，如粘贴纸张的糨糊，都要选择特定地方的小麦所磨制的面粉来制作，更遑论对写版、刻版、套印等关键技艺有着严苛的要求，因而达到了中国古代乃至世界古代雕版印刷术的高峰。在温州瑞安和苍南的乡村，至今仍然保留有活字印刷术。

以上这些技艺不仅是中华民族的遗产，也是人类创造力的体现，是全人类的文化精华。所以即使这些技艺在工业化的冲击下，难以保持正常的市场，也应作为民族文化遗产活态保持下去。但其传承只能是少数人的传承，而且应坚持高端传承，即少数人掌握该技艺，但掌握的是最高水准的技艺。在讲求经济效益的当代社会背景下，这并不是一个容易实现的目标，因为这首先对从业者的素质提出很高的要求。其次则要求从业者有着高度的责任感，他们必须耐得住寂寞。而要达到这一目标的前提是从业者能够获得相对优越或稳定的报酬和从业条件，或者以政府购买的方式使从业者能够获得稳定的收益，才能确保他们不为现实的生计所困扰而坚守传承。例如，泉州江加走木偶头雕刻，仍然保留着唐代以来的制作工艺，如采用老樟木新长出来的"香樟木"作为木料，一刀一刀的手工雕刻，十多遍的打磨微调，三遍以上的粉彩，再加上用牛毛制作的发型和精致的头盔；近代在雕刻技艺上又经过四代人的改进发展，如造型上放大了眼睛和嘴巴，并且眼睛多为可活动，使木偶脸部表情更加突显，提升了木偶头的观赏性和表演实用性，还有在木偶头打磨前涂上专门的胶，使粉彩不易脱落，易于收藏。由于木偶头的小巧精美，具有很高的观赏和收藏价值，所以一直具有很好的国内市场，而且远销台湾地区、东南亚各地。主要传承人有：黄义罗、江朝铉、江碧峰、王景

然、江东林等。(如图4-24~图4-26)

在后继乏人普遍存在的当代社会背景下,争取合格的青壮年传承者就成为传承的主要目标,而这并非易事。只有充分地调动起各种社会资源,增强非物质文化遗产在社会中的应用程度,加大对非物质文化遗产价值的传播力度,使从事非物质文化遗产的传承人可以获得物质和精神的双重满足,才能够保证传承的可持续性。

图4-24 江加走木偶头雕刻传承人黄义罗作品(陈晓萍提供图片)

图4-25 江加走木偶头雕刻传承人江碧峰作品(陈晓萍提供图片)

图 4-26　江加走木偶头雕刻传承人王景然作品（王景然提供图片）

四、商业化时代下非物质文化遗产的传承和弘扬

只有在当下还能够发挥相应的功能，由此而具备了足够的受众与市场，非物质文化遗产才能存续下去，否则就只能进行资料保存了。无论是抢救还是传承，目标就是使非物质文化遗产还能够发挥其功能，无法实现这一目标，抢救和传承就是不成功的。因此，确保非遗项目适应新的时代变化，继续发挥其功能，也成为保护工作的主要目的。但是在商业化程度越来越高的当下，非物质文化遗产的功能发挥，在很大程度上就是如何实现其商业价值。对参与这些事务的人和机构而言，非物质文化遗产的现代应用，就是对其固有的文化价值和所具有的资源特质进行开发和利用。在开发利用过程中如何利用商业化的各种优势，同时又避免过度商业化对非遗传承的伤害，成为最大的挑战。

（一）商业化对非遗开发利用的影响

1. 非遗的开发利用要面对商业化

商业化在农业社会的后期就已经开始。工业化加快其发展的速度，并且给予商业化一个鲜明的特点，就是消费的快速化。技术不断更新，导致产品生产速度加快，使用周期缩短，从而在消费上体现为快速消费和时尚消费的特点。在前工业时代，非物质文化遗产功能发挥是在一个相对稳定的环境下进行的，是传承者自然而然的行为，其功能也是相对稳定的。中国大部分传统农具，比如播种的耧车、犁具等，在3000多年里的变化都是很小的。但是在农业开始机械化的短短几十年里，各种农具已经在不断地更新换代了。前工业时代，一些非物质文化遗产也会因出现更好的替代技艺而被历史淘汰，或者因为战乱、政治动荡等原因而失传。但是其消失速度远没有今天这样迅速。快速消费导致在现代社会，即使是那些存续状态尚好的非遗，如果不能不断地改变，也会被逐渐淘汰。所以如何适应消费时尚快速变化的特点，几乎是绝大部分现存非物质文化遗产所面临的严峻挑战。

在传统社会中，很大一部分非物质文化遗产对传承者而言是自给自足和自娱自乐的，并不具有商业交换的功能。消费主义逐渐地改变了非物质文化遗产的原有功能。越来越多的非物质文化遗产提供的产品或服务走上商业化发展的道路。商业化或过度商业化，无可避免地影响到一些非物质文化遗产的良性存续。

对大部分存续至今的非物质文化遗产而言，商业化已经是躲不开逃不掉的宿命，必须要去面对。如何借助商业化的快车来为非物质文化遗产提供更多的存续可能，但又要避免商业化所带来的不利影响，这是当下绝大部分想要存续的非物质文化遗产绕不过的命题。所以在非遗功能的实现中，出现了"合理利用"这样一个原则。非物质文化遗产的合理利用，就是在消费主义盛行的时代，通过各种符合非物质文化遗产传承发展规律的途径和方法，保持非物质文化遗产的良性存续状态，而不是一味被动地卷入消费主义的大潮中，失去其本来的面目与灵魂，甚至失去存续的可能。

2. 现代消费趋势对非遗传承产生的积极影响

如果以一句话来概括现代消费趋势对非物质文化遗产所产生的积极作用，那就是：借助交通和信息技术的飞速发展，打破原有的各种限制，为非物质文化遗产提供了更为广阔而多样的受众和市场。

（1）打破原有的地域、民族、功能、阶层、性别等各种消费壁垒，扩大了受众和市场。从新航路开辟以来，全球化的号角就吹响了。之后交通技术的进步，让地域限制不断被打破。近年来互联网应用的不断普及，更加快了文化交流。随着平等、自由等观念日益深入人心，阶层特权不断被打破，性别歧视、地域歧视、民族歧视不断被消除。越来越多的非物质文化遗产的产品或服务进入全球市场，并且不断打破原来在消费上的种种壁垒，而在市场和受众的获得上有了更多的可能。

在传统社会中，即使是具有交换功能的非物质文化遗产技艺和表演艺术，其交换也大多在熟人社会内部进行。对一个民族或民族分支而言，就主要在族群内部或几个族群之间进行交换。尤其是乡村和处于交通不便地区的山区、海岛等，这一点就更为突出。所以非物质文化遗产的产品即使成为消费品，绝大部分也是在很小的范围内流通。因此，非物质文化遗产在消费中有着突出的地域或民族限制。随着交通和信息技术的不断进步，各种非物质文化遗产的物质交流与信息交换越来越快速、便捷，产品流通的交通成本和时间成本都在降低，地域或民族的限制在不断被打破。而21世纪以来随着网络销售越来越火，快递业越来越繁荣，那些深藏在偏远地区或深巷小村的非物质文化遗产不断被发现、被传播，使得其即使在本地失去了实用功能或吸引力，也能在异国他乡找到新的受众或消费者。20世纪80年代，以泉州的锡雕工艺制作的巴黎铁塔、维纳斯雕像等钥匙扣，远销欧洲旅游产品市场。发展至当代，他们回归传统元素如手环、茶艺物件等（如图4-27、图4-28），通过网络推广和销售手段，获得了大批的国内外消费群。青藏高原上的藏族工匠织造的牦牛绒产品可以成为在欧美百货商场售卖的奢侈品。贵州黔东南山区的侗族农民可以在巴黎或维也纳的音乐厅里获得热烈的掌声。呼伦贝尔草原上的蒙古族皮具艺人的主要顾客不再是乡里乡亲的蒙古族牧民，而是城市中的青年白领，因为有了微信等即时通信工具，他们可以和顾客充分交流来进行定制生产，微信、支付宝可以实现即时支付，而快递业的发达也使货物可以很快交付顾客，这一切都可以在手艺人足不出户的情况下全部实现。所以我们可以看到越来越多的民间手工艺产品通过网络销售平台、发达的快递业而跨越了地区的障碍，获得了新的市场和受众。

而一些民间艺人，即使技艺出色才华横溢，但因为一直都是在本地自娱自乐，所以技艺和才华并不能给他们带来物质上的收益，逐渐失去了传承的热情。但是当民间表演艺术更多引入商业化操作，并且走出本地，找到更为广阔的市场后，他们就可以靠表演来脱贫致富，并且获得自尊心的满足。除了走上实体舞台和走进影视外，各种网络视频平台也为民间表演艺人展示才艺提供了更多机会。一些曾经过于寻常的手工艺，掌握的人原本只是自给自足的，在当下时代却可以成为一种新的谋生手段。比如蒸馒头、做年糕、腌咸菜这种曾经最为普通的生活技能，却在社会分工不断细化、家务劳动社会化的背景下，成为养家糊口的谋生技能。网络的发达，使得这些日常的生活技能也可以获得更远地方的顾客。而这些远方的顾客，既有到异地谋生的家乡人，也有曾经到本地的外地人，还有一些是借助网络信息搜索获得的网络顾客。

在互联网购物发达的背景下，远方的顾客购买到某地的地道特产甚至新鲜产品，已非难事。越来越多的人在网上买到了地道的苗族腊肉、苏式糕团、四川泡菜、广西米粉、内蒙古土豆粉、陕西黄馍馍等。非本地市场的出现，反而成为本地传统生产生活技能得以传承的一个动力。这就使得越来越多曾经自给自足、自娱自乐、本来不具有商品交换功能的非遗技艺在高度商业化的社会中转变为谋生技能。

图 4-27　泉州锡雕技艺传承人杨婉红为来访的德国手工艺人演示锡艺制作（杨婉红提供图片）

第四章　非物质文化遗产的传播策略

图 4-28　泉州连发锡铺的锡雕文创产品（杨婉红提供图片）

　　在传统社会，无论中外，除去少数处在原始状态的民族或地区外，绝大部分地区都存在着程度不同的等级制度。这种等级制度常常体现在消费上，就是不同出身、阶级、阶层的人，有着不同的消费权利或者限制，并且这种消费限制通过法律或社会观念而固定化，不得随便僭越。但是近代以来，专制制度逐渐瓦解，等级制度随之瓦解，各种基于出身的消费限制也随之崩解。产品的制造者根据顾客需求来制作产品，售卖者按照产品价值来出售产品。近代以来，各种曾经加在非物质文化遗产消费上的限制，在商业价值优先的前提下，被不断突破，由此也为非遗项目带来更多的受众和市场可能。这事实上也成为非遗发挥现代社会功能的最有利条件。

（2）个性化与多元化的消费需求，尤其是中产阶层的壮大，为非物质文化遗产的开发利用提供了更多可能。在社会财富总体增长的背景下，中国人在消费中的多元化与个性化特点也将日益凸显。消费群体的多元化、细分化要求市场供应出更多元、更能够满足不同层次顾客需求的商品，这一点与大多数非遗项目只能小范围供应、个性化加工的特性是相符合的。而网络使信息传递更快捷，则为个性化生产提供可能，快递业的发展也使小规模的供应成为可能。手工制作和个性化定制，一直是高端消费的典型特点。随着国人文化自信的提升，传统手工艺也开始应用于高端消费品的生产中。

随着富裕阶层人数的不断攀升以及年轻富裕阶层学历与素养的提高，艺术品市场与奢侈品市场也在迅速成长，并且呈现出个性化、高端化的趋势。尽管目前非遗产品在艺术品市场与奢侈品市场中占据的份额极其微小，但已经有了一定的端倪。如一些国家级非遗传承人的精品已经受到收藏界的关注，开始进入现代艺术品拍卖市场，而且其作品价格也呈现不断攀升的势头。而高端消费中的个性化定制，则与部分非遗具有深厚的历史文化积淀、精雕细琢、十年磨一剑的特性相符合。泉州惠安木雕代表性传承人、中国工艺美术大师卢思立的工作室虽然深居泉州鲤城老城区的小巷中，但其作品却一直受到收藏者的青睐，因为他的创作多为自然型雕刻（巧雕），所以欲向其订购罗汉或弥勒的客户，一般均要等待一年以上。尽管价格不菲，仍然有人愿意付出经年的等待，来得到他亲手制作的木雕作品。（如图4-29、图4-30）同样的，在苏州的玉雕、苏扇、核雕、红木家具制作等行业中，也都存在着高端定制的客户群体。在高端的定制市场中，非遗的潜力在不断显现。无论是在提供物质产品的领域，还是在与人的身心相关的表演艺术、卫生健康领域，非物质文化遗产在提供更为个性化的产品和服务方面都有一定的潜力。

图 4-29　卢思立大师在工作室指导学生

图 4-30　卢思立大师的木雕作品

（3）消费升级与转型以及科技发展，为非物质文化遗产的利用和应用提供更多可能。从现代产业角度看非物质文化遗产，其基本属于轻工制造业、服务业和娱乐业的范畴。而且与同类现代产业相比，非遗是技术含量和生产效率都偏低的产业，由此可以归为低产能行业。也由此导致在工业化的过程中，众多非遗行业被现代产业冲击或淘汰，因而呈现为衰微状态。

但是当工业化基本完成后，粗放型的高速发展难以继续时，就需要转变经济发展模式。消费也由消费品数量上的增长转变为质量上的提高，消费升级成为必然。所以我国提出促进转型升级的两个方面：一是高科技，二是文化。文化在消费升级中的主要作用在于提供给消费者更为丰富和深刻的精神享受，提升消费者的素养，使他们的身心更为健康。非物质文化遗产原本就是物质和精神产品，具有很强的应用性，而且对国民而言，其具有承载文化基因的特殊性。因此，必然在消费升级中有更多的应用可能。

中国一直有着深厚的美食文化，"食不厌精，脍不厌细"，消费升级意味着不再把生产和消费中的效率放在首位，而将品质放在首位；不再将物质需求放在首位，而更注重心理的满足。在追求温饱的时代，对于食物的要求首先是果腹。而当消费升级后，就会注重食材的品质、色香味和就餐环境等。食物是否有益健康，能否获得审美的愉悦和心理的满足，成为选择餐厅或者烹饪食物的重要标准。近年来，闽南地区传统小吃的传承者们充分利用短视频平台营造"网红店"，利用数字媒体平台不断自我挖掘与传播，就是一个个鲜活的例证。（如图4-31～图4-33）

消费升级为各种传统手工艺的应用提供了更多的空间。除去前面所讲的那些应用于高端消费的手工艺外，一些并不具有很高难度的日常手工艺，也因符合环保健康的消费理念而有所复兴，如一度衰微的扎染、植物染服饰，消费者数量都在提高。消费者在消费时，也更注重产品背后的历史与文化。挖掘产品背后的历史与文化，已经成为很多传统行业营销的最大亮点。中国各地有着丰富的古法造纸。近年来，这些古法制造的纸及纸产品成为各地重要的旅游产品。藏纸、宣纸、竹纸、东巴纸做的笔记本或明信片，尽管价格不低，但是消费者愿意为其所包含的文化和历史价值买单。除了表演艺术以外，转化为日常消费品的非遗，大多不具有很高的技术难度，但在工业化时代却具有稀缺性，因此更适合消费者进行生产的体验。所以一些非遗生产本身也发展成为一种体验型的消费，比如植物染、织布、刺绣等传统手工艺，已经成为很多人疏解身心压力的方式，也就出现了提供植物染、陶艺等课程的工坊或培训机构。（如图4-34）

图4-31　泉州东街钟楼肉粽总店

图4-32　泉州东街钟楼肉粽总店在抖音等平台上的各种短视频使其成为游客眼中的网红店

图4-33 泉州"白雪元宵圆"店在抖音等平台上的各种短视频使其成为当地人和游客们眼中的网红店

图4-34 陶艺作坊成为儿童和年轻人休闲的好去处

进入后工业化时代后,各国都在努力提高文化产业在产业结构中的比例,提高文化消费在消费中的比例也成为消费升级的重要内容。进入21世纪后,我国将文化产业作为重点发展产业。我国的文化产业和文化消费水平还有很大的增长空间。但目前我国文化产业原创不足、粗放发展、同质化严重等问题也日益突出。而我国丰富厚重的非物质文化遗产,就是具有民族和地域原创特点的文化产品,民间传说、传统剧目、民间歌曲、舞蹈等,本身就是文化产品。闽南的梨园戏、高甲戏、滇南海菜腔、蒙古族长调、昆曲、京剧等,有些曲目已经成为经典作品,有些则可以在进行一定的改编后,成为舞台作品、影视作品。例如,《云南映象》就是杨丽萍将云南各民族歌舞进行整理后的优秀舞台作品,并由此开创了我国"原生态"民间歌舞的先河。之后各地不断推出整合本地民间表演艺术的作品。丰富博大的非物质文化遗产可以说是我国文化产业不竭的素材库和灵感源泉。泉州木偶剧团根据俄国作家果戈理的同名讽刺喜剧改编创作的提线木偶戏《钦差大臣》(图4-35),上海木偶剧团创作的海派多媒体皮影戏《九色鹿》(图4-36),都取得了很好的社会反响,开拓了传统木偶、皮影戏的现代创新之路。但目前我国对非物质文化遗产这个富矿的开采程度尚且很低,并且采掘的手段尚且处于粗放的低级阶段。随着我国设计创编人才队伍的壮大和经营机构的不断深入挖掘,在不久的将来,就会进入一个精耕细作的阶段。这就为非物质文化遗产的现代利用提供更多的市场和发展机遇。

图 4-35 提线木偶戏《钦差大臣》剧照

第四章　非物质文化遗产的传播策略

图 4-36　海派多媒体皮影戏《九色鹿》剧照

互联网的日益普及，也为各类非物质文化遗产转化为文化消费品提供了更多的可能，通过网络直播传播非遗或者进行营销就是其中的一个新现象。已经有民间表演艺术家通过直播表演获得远程观众，并获取相应的演出报酬。闽南地区一些传统工艺大师也通过纪录片、短视频、作品展览直播等，让更多的人了解他们和他们的非遗技艺。（如图 4-37、图 4-38）

尽管消费主义的盛行加速了众多非物质文化遗产的衰微，但也打破诸多的消费限制，为存续至今的非物质文化遗产提供了获得更为多样的市场和受众的可能与机会。但需要注意的是，要真正获得市场和受众，还需要传承者、设计者、营销传播者等多方力量的不懈努力。

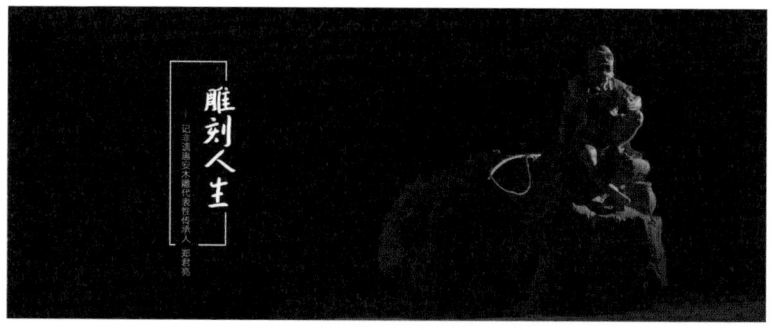

图4-37 惠安木雕代表性传承人郑君亮的专题纪录片《木刻人生》（作者：吴云轩）

第四章　非物质文化遗产的传播策略

图 4-38　郑君亮的木雕作品在厦门文博会上展览（吴云轩提供图片）

（二）商业化时代下非遗的传承和弘扬

1. 非遗合理利用与良性发展的原则

当下的中国，追求快速致富成为一种普遍的社会诉求。由于非遗在参与市场竞争中的先天劣势，经营者如果秉持快速致富的原则，只能是揠苗助长，适得其反。反映在具体的经营中，就会发现目前商业化对非遗的利用所带来的"弊"，要大于其"利"。如何避免商业化所带来的弊端，如何实现合理利用，需要遵循以下基本原则：

（1）差别化对待。不是所有的非遗都适合商业化经营，即使抛开文化遗产保护的原则，仅从能否取得相应的利用效果来看，也不是所有的非遗都适于商业化运作，而是要根据非遗自身的特性来确定是否适合商业化运作，否则只会加剧其文化内涵的衰减而最终导致其衰微或消失。这之中最为明显的就是前文多次提到的民俗的泛商业化和旅游资源化，其导致很多地方的民俗正在变成职业化的表演。除了民俗这个商业化利用的重灾区，那些在一个特定区域内具有突出的群体传承特性或者与信仰有高度关联的民间表演艺术，也不宜进行商业化，而应继续保持其原有的传承模式。因为商业化很容易导致商业竞争，原本在一个群体内平等的传承者成为相互竞争的经营者。而在当下及今后，非遗的受众会相对较少市场会相对狭小。众多竞争者去争夺有限的市场，很容易导致恶性低价竞争，就会加剧原有的传承群体内部的对立。与一定社群内的成员的集体信仰有高度关联的民间表演艺术，如果商业化运作，就会严重影响传承者对原有文化内涵的坚守，或者导致群体成员的强烈抵制。

即使是手工艺，如果曾经是一地民众普遍掌握的技艺，进行商业化运作，也最好取得掌握者们的共识，并且尽可能采取合作社等组织进行经营。是否采取商业化模式，采取什么样的商业化运作模式，都应根据非遗及其传承特点来确定，进行差别化的选择。有些非遗要避免商业化，有些要有限度地商业化。

（2）对文化内涵的真正理解与合理运用，避免歪曲与肤浅化。非遗与现代工业产品相比，其优势既在于深厚的文化内涵，也包含前工业时代的生产伦理。这种伦理主要表现为：对自然资源的珍惜和对消费者的熟悉与尊重。生产（表演）者与使用（消费）者大多在一个文化语境下，彼此之间是熟悉的充分理解其需求的。手工生产多为小规模生产，甚至是定制化生产。而表演艺术只能采用表演者与消费者之间面对面的方式。这些优势，是大工业生产与工业化现代娱乐所不能比拟的。在非遗的开发利用中，应充分利用这种优势，寻找其与现代生活娱乐的结合点，开发真正体现其固有价值的产品或作品，而不是一味跟随时尚，甚至失去自我。苗绣之神秘，在于把苗族的历史以各种符号化的图案加以浓缩；苏绣之清雅，是唐以后江南的富庶与精致的人文环境所滋养。二者气质不同，如果互相仿效，就会失去本色之美。梨园戏之美，在于典雅灵动；昆曲之美，在于婉转细腻；黄梅戏之美，在于活泼妩媚；秦腔之美，在于苍劲豪放。各种地方小戏的魅力就在于其扎根地方的乡土气息。这些传统戏剧，不应向话剧或舞台剧靠拢，也不能彼此靠拢，如果那样，只会导致本色尽失，风骨不存。

由于非遗的文化特性，那些失败的商业化项目，很大程度在于没有真正地理解非遗项目固有的文化内涵和特质，并且随意地复制了一些工业产品的营销模式。对非遗的理解表面化、片面化，导致在产品设计和营销诉求上，没有充分体现非遗项目的特点和优势。传统手工艺品，大多可以设计成日常用品，并按传统工艺生产，设计上除了充分考虑到实用性和耐用性的同时，还要保留其地域性、民族性的文化特质，满足千人千面的个性化需求。

那些良性可持续发展的商业运作，无不是充分理解了非遗的特性和文化内涵，并以恰当的方式加以利用。手工艺强调其材料天然，制作过程无污染，其产品突出手工的个性化。表演方式则突出其历史、乡土气息，以鲜明的风格打动观众。而无论手工艺还是表演艺术，都坚守对消费者的充分尊重，坚守品质，以品质赢得了消费者。有关案例会在之后进行详细的叙述。

（3）寻找真正的知音与需求群体，正确定位市场与受众。消费群体的多元化和细分化，是高度发展的市场经济的特点。当下的中国，随着市场经济的日益发展，也开始出现了多元化和细分化的消费趋势。这无疑为个性化特点突出的非遗生产或表演，提供了更多的市场运作可能。非遗生产和表演的特点决定了非遗的市场化运作更需要精准定位，细分消费者。

　　非遗生产的特点，决定了其产品（或服务）的供应在单位时间内，在数量上是小规模的，在供应周期上是相对长的。这种产品（或服务）的供应模式决定了当下大部分非遗的消费者只能是小众群体；决定了非遗的产品供应，不能只追求数量上的多，而应更注重质量上的精与独特。非遗的文化遗产特性，决定了大众需要在充分理解非遗文化内涵的前提下，才能够成为其消费者，有些则需要消费者具有一定的文化素养，成为非遗真正的知音。而由于非遗的人性化、个性化特点，一旦消费者体验过其美好，就会具有一定的忠诚度。所以在非遗的商业化运作中，应当着重强调非遗固有的文化内涵，提供精品。大部分非遗较为合理的供销模式是：产品单位数量上较少，但在文化附加值上投入较多，并且供应者与消费者之间形成了具有一定的忠诚度和信任度的关系。

　　即使是同类型的非遗，由于消费者在时间和财务支配上自由度的不同，以及消费者的个性、年龄、出身、经历、文化层次、兴趣爱好等的不同，他们在消费时会有各种不同的选择，而具有某种共同特征的若干消费者就会形成一个相对类同的消费群体。每个非遗项目，都需要根据项目自身的特点，找准消费群体，首先使这一群体稳定，而后再通过各种努力使之有所扩大。研究这些群体的消费趋势，提供契合他们需要的产品或服务，成为经营的努力方向。以消费者的需求来确立产品（或服务）的内容与风格，是商业社会所有生产者都要遵循的原则。

　　但是在非遗的产品与服务的提供中，更应突出满足消费者的审美等方面的精神需求，而这种精神需求基于消费者的文化背景。消费者是出于对某种文化的深刻理解或切身体悟，而选择消费承载这种文化的非遗产品或服务。也就是说，消费者是这种文化的传承者，或者是其知音。这种知音型的消费者，对于那些具有深厚历史积淀却衰微的非遗项目而言，显得尤为重要。例如弓箭，是冷兵器时代最为重要的武器之一。使用弓箭，不仅是士兵们杀敌的技能，还是以狩猎为重要生产方式的人们必备的能力，也曾经是中国古代儒门弟子的六艺之一。但是随着冷兵器时代成为历史，弓箭制作也由此衰微。1988年，弓箭生产老字号聚元号的传承人恢复弓箭生产，因为工艺精湛，而逐渐拥有了稳定的客户，这些客户

第四章 非物质文化遗产的传播策略

除了射箭运动员外，还包括传统射箭的爱好者。尽管客户的规模并没有很大的增长，但是这些客户是真正需要弓箭或者热爱弓箭的人，他们根据自己的需要，对弓箭的制造提出很多个性化的需要，从而使弓箭制作技艺的传承人能够根据客户需求而改进技艺。这些真正爱好弓箭的客户与传承人之间建立起了一种信任合作关系，从而形成一种良性互动，保证了弓箭制作技艺的继续传承。这种现象也同样存在于古琴制作、高端宝剑锻造等具有深厚历史但现在却较为冷门的行业中。由年轻人组成的闽南梨园戏戏班子在商业化运营中，也是根据消费者提供的场地环境不同而即时地进行修改编排（如图4-39、图4-40）。

一些非遗承载着深厚的文化内涵，并且具有浓郁的地方特色，其产品成为其流布地方最具有代表性的地方特产，所以一些非遗产品也成为当地特色礼品，一些生产企业就以承担政府礼品生产制作为主业。这些礼品的受赠者由于不是自愿购买，所以也不一定是真正的爱好者。而由于有政府采购作为保障，一些生产企业就不大热衷于寻找真正的爱好者，注意力也就不会放在努力开发收藏级作品或者提升技艺，转而生产较低端的可量产的但同样有市场需求的产品（图4-41）。

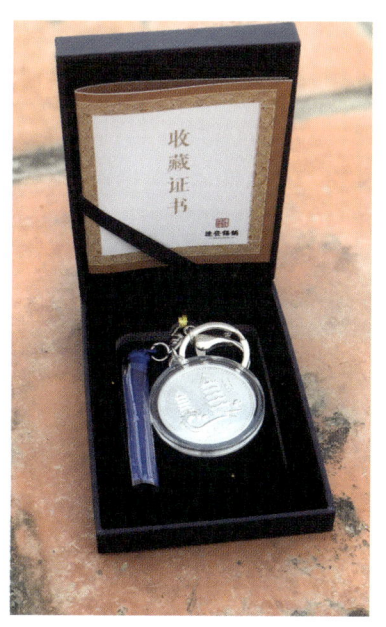

图4-39 作为礼品的锡艺钥匙扣

图4-40 作为礼品的陶瓷杯垫

图 4-41　为了满足旅游市场对较低端的工艺品的大量需求，一些传统工艺也会采用工业化的材料和流程

（4）发挥非遗生产速度缓慢、精细、人性化、个性化的固有优势。非遗生产与大工业生产相比，在生产速度上是慢的，在生产数量上是少的，产品更具人性化、个性化。在经济相对贫乏，因而追求物质的快速积累的时期，这是劣势。但在物质财富积累到一定阶段、消费升级时，就可以转化为优势。在富裕阶层人数增多、消费者文化素养普遍提高的情况下，消费者不再只关心价格，而开始注重品质；不再盲目从众追求潮流，而是追求个性品位；不再只关心产品的时尚度，而开始关注其文化内涵；不再只关心产品本身，也开始关注产品生产过程对环境是否友好。消费趋势的变化，就使非遗优势的发挥有了更多的空间和可能。所以成功的非遗商业化运作，都是顺应这种新的消费趋势，并充分发挥了非遗固有的优势，扬长避短，而获得了市场认可。

2. 非遗经营的资金投入与生产组织模式

（1）非遗经营的资金投入模式。尽管资金、场地、政策等因素都对非遗的合理利用起着非常重要的作用，但是对于全部为传统行业的非遗而言，大多数非遗行业的市场需求逐渐缩小，生产规模的扩大只会导致市场供应超过需求，从而加剧市场的萎缩。即使部分有着较大市场潜力的产业，如制药、餐饮等，也不宜盲目扩大生产。这是因为这些产业之所以存续至今，就是因为手工生产，选料严格，制作精良，部分企业还有独到的秘方，产品具有独特性或不可替代性，并且积累了百年以上的声誉，这是其在市场竞争中的最大优势。例如百年医药老字号——北京同仁堂、杭州胡庆余堂、漳州片仔癀等，都坚持"修合无人见，存心有天知"的理念，因此赢得了声誉。所以这类具有常青树特质的老字号传统产业，如果要保持优势，就需要坚持原有的原材料、生产工艺标准，并且对从业者的技艺素质和职业道德都有较高的要求。这也决定了这类企业不宜靠扩大生产规模来赢得市场，过度扩张很容易导致品质下降，由此导致声誉受损。

而更多的非遗行业，本来就以个体化小规模生产为主，在其市场规模整体缩小的现代社会，更不宜盲目扩大生产，那样做只会导致两个结果：一是引入现代产业模式，以机器生产代替手工，变成现代工业，在本质上已经与非遗无关。例如丝、棉、麻等材料的纺织，历史上都曾经是以手工为主，现代则绝大部分改为机器纺织，但机织不是非遗。二是技能简化型生产（表演）。在传统手工艺领域，表现为主要生产技能含量低的产品；在表演行业中，就是碎片化利用，只以演出小型的折子戏或片段为主。这些经营模式，都是以降低技艺难度、减少生产时间和文化内涵为特征的，其结果必然是失去固有优势，并逐渐被市场淘汰。原本就采用个体化小规模生产的行业并不适合现代产业模式或经营模式，应努力保持其原有生产或经营模式的优势。

现代产业，如果是制造业，主要靠不断应用新科技、新材料，提高机器设备的生产效率来实现盈利；如果是 IT 业，则主要靠提供容量巨大和快速传达的信息来实现盈利。大部分现代产业的盈利模式就是讲求快速高效，所以投资者需要紧跟趋势，否则机会稍纵即逝。投资就是在寻找"风口"。但是非遗的生产（表演）的周期是相对较长的，非遗产业无法成为"风口"，即使偶尔成功的炒作可能会让某几个非遗产品在拍卖场受到热捧，但那只是凤毛麟角，并不具有普遍意义。而且这种炒作很容易导致一些行业的"高烧"，在市场退烧后，重新又归于平淡。有些价格被炒作到远远超出实际价值的非遗产品，一旦市场回归理性，价格就会一落千丈。因此，扩大再生产的现代产业盈利模式不适用于非遗的开发与利用。非遗利用最为持久也最为有效的模式是不以规模取胜，而以品质和文化内涵取胜。对非遗行业的资金投入，也并不适合采用大规模短线资金投入的现代工业模式，而必须采用长线投资的模式。投资者和传承者一样，要有一点工匠精神，要耐得住寂寞冷清，准备好一个较长的资金回报周期。非遗行业的投资者需要有一点人文情怀，这并非空言。

（2）非遗的生产组织形式。当下非遗的生产组织形式主要分为个体经营、企业化经营和分包制生产三种。

①个体经营。这种模式通常是个人生产或人数少的小规模生产（表演），小规模生产通常成员之间都是亲属或者是师徒的关系。非遗个体经营，尤其是一些传统的手工艺，通常都是小规模的生产（表演）模式，而在非遗经营整体市场环境越来越萎靡的状况下，小规模的个体经营更能够适应市场的实际需求。小规模个体经营能够使非遗的生产（表演）更具有灵活性以及个性化的特征，一般以工作室、小作坊（前店后坊）、小型演出班社等形式经营（图4-42）。

第四章 非物质文化遗产的传播策略

图 4-42 由年轻的传承人组成的小型演出班社在一些会所或餐厅中表演（苏云波提供图片）

②企业化经营。这种模式一般是照搬现代企业的经营模式。例如传统手工艺企业的分工包含了生产、管理、销售等不同的环节，每个环节都有与之相对应的管理流程和明确分工。在我国，企业化生产的传统手工艺基本都是延续了计划经济时代的管理方式，因为它们的前身基本都是那个时代的国有或集体所有制企业。这些传统手工艺企业往往有着复杂的工艺流程和不同种类的工种，而且生产场地都非常大，如砖瓦烧制、传统家具、大型石雕、冶炼以及陶瓷等行业（图4-43~图4-45）。这些企业为了实现更高的生产效率，基本都会采用分工的方式，同时会加强不同工种之间的紧密合作。通常情况下，越是精细、高超的技艺，就越要求细致的分工。此外，还有些是在行业内部有着不同的门类，它们之间相互合作，共同为生产提供保障。表演类非遗采用这种模式的，多是专业的剧团或综合性的歌舞团，如泉州梨园戏实验剧团（图4-46）、泉州提线木偶戏传承保护中心等。

③分包制生产。劳动密集型的传统手工艺，生产模式多为分包制。虽然现代企业和传统手工艺都会采用劳动密集型的生产方式，但前者是将工人集中在工厂内部，而后者采用的形式多为生产外包或分包，并不会将工人都置于工厂中，即生产者会以家庭为单位向企业主按时交付产品，通常会采用按件计酬的方式。这种生产方式更符合手工生产的特征，灵活性更强。一般来说，这类传统手工艺都曾有着繁荣的市场，能够带动地区的经济发展，形成"家家生产，人人会做"的生产景象。大批的熟练生产者是分包制经营模式能够得到维持的基础，此外就是如竹编、柳编、刺绣等报酬不高的行业是其可以维持的另一个前提，不少地区在当下依然会使用分包制这种模式，因为在劳动力上存在优势。相比于大城市，在乡村、集镇和小城市中更容易出现劳动密集型的传统手工艺企业，但随着现代化进程的加快，这类传统手工艺企业在缩小生产规模的同时还减少了数量。

第四章 非物质文化遗产的传播策略

图 4-43 德化陶瓷厂

图 4-44 安溪茶厂

图 4-45 惠安洛阳沿街的石雕厂

图 4-46 泉州梨园戏实验剧团表演谢幕（吴云轩提供图片）

（3）非遗生产的新组织形式——社会企业与合作社。很多非遗在其传承地区都曾经是普遍的生产生活技能或娱乐方式，具有突出的群体性。这类非遗是真正意义上的集体智慧的结晶，也是现今传承者的共同遗产。所以这类非遗并不适合采用高度竞争的市场经营模式，那样反而会造成其传承群体内部成员人际关系的紧张，甚至导致原有人际关系或社会结构的崩塌，淳朴互助的民风由此丧失，加剧本地文化的瓦解。而这类非遗还普遍存在的一个重要原因，在于当地交通闭塞，经济甚不发达，在其生产经营中往往还具有资金匮乏的劣势，因此集合集体的力量进行经营，更适合这类非遗。所以在一些不发达地区，无论是传统手工艺，还是传统的民间表演艺术，越来越多地采取合作社的经营模式。

由于非遗所具有的文化特性，非遗的经营不仅具有商业的特性，还具有传承地域或民族文化的社会属性。而其中的一些非遗，曾经是一地一族的主导产业或基本谋生手段，其材料都来自本地特产，在本地进行加工，可以实现农产品或矿业产品的本地加工。如果经营状况良好，就会带动地方产业的振兴，并且可以实现在地就业，直接改善生产者的经济状况，对扶贫工作也具有非常重要的意义。所以在非遗的经营中，尤其是在不发达地区，开始出现社会企业的经营模式。这种社会企业的经营模式，不以获得商业利润为唯一目的，而是以实现扶贫就业、环境保护、文化传承、社区治理等多种社会功能为目的，因而其经营中，更侧重于挖掘非遗具有的各种社会功能，发挥多种功能在增进民众幸福方面的协同作用。其在经营中，始终都将减少对自然环境的破坏作为经营的社会责任，促进人与自然、人与人之间的和谐。社会企业通过商业化的运作，为产品获得市场，为居民带来收入的增长，同时也给他们带来文化的自信与获得幸福的能力。随着越来越多有社会责任感的企业和个人加入非遗的经营行列，社会企业也将成为非遗经营中的新力量。（图4-47~图4-49）

第四章 非物质文化遗产的传播策略

图 4-47 小型民间高甲戏团活跃于社区的庙神诞辰纪念活动中（吴云轩提供图片）

图 4-48 木偶戏传承人时常会被邀请进入幼儿园的主题活动中

图 4-49 厦门文博会专设的非遗工艺品获奖精品展区

107

3.人力资源是非遗传承中的重要资源

与现代产业对资金、场地、机器设备的高度依赖相比，非遗经营中最重要的资源始终是人力资源。这是由非遗的生产与表现特点所决定的。

大机器生产对人力资源的需求越来越低，而现在甚嚣尘上的人工智能则是要用机器取代更多的技术工人。非物质文化遗产最大的特点就是人工生产，而不是机器生产。掌握技艺的传承者水平高低决定了非遗产品或作品的品质，非遗产品或作品是其核心竞争力的最重要载体。相对于现代产业，生产者的积极性对行业存续的意义就更为重要。

市场是非遗存续最重要的外部动力。大部分存续至今的非遗，都可以获得其相应的市场，而市场的保持、挖掘与扩大，与经营者对市场及其趋势的适应性努力和开拓性努力直接相关。一些原有功能已经无法发挥导致行业整体萧条冷清的手工艺或民间表演艺术，却仍然有经营者，而且他们还有着不断增长的稳定市场，原因是他们适应市场变化，调整更新了产品功能或演出对象，当然这个前提是一大批同行的退出。比如有些铁质农具的生产者，不再制造镰刀、斧头等农田工具，转而制造适合城市人的园艺工具，还有的生产铁艺家具。一些原本演奏传统乐曲的民间班社，用传统乐器演绎现代流行乐曲，古今结合，演出有了更多的市场。还有一些手工艺行业已经多年无人生产也无人问津，但通过一些人的努力而走入人们的视野。

可见人力资源在现在及今后，也仍然是非遗利用最核心的资源和最能动的力量。即使有资本愿意投入非遗的经营，也必须以调动人尤其是传承人的积极性为资本的主要使用方向，这是与其他采用新技术新设备为主的现代产业最大的不同。

拥有生产能力与一定技艺水平的传承者和从业者在现代社会中仍然是非遗传承最基础最重要的人力资源。但非遗要与现代产业一起进行竞争，必须加强对消费者需求和消费趋势的研究，必须提供更符合现代需求的产品（作品），这就要求设计（创编）力量的进入。而在非遗产品获得消费者的途径上，必然要采用各种现代营销模式，所以营销人才也是重要的人力资源之一。

在现代社会中，非遗要获得市场，需要以下三个方面人力资源的有机结合：

（1）传承者。在非遗行业里有时候会出现一个在现代产业里比较少有的现象，那就是在市场需求不仅存在甚至旺盛的情况下,却会因为生产者的匮乏而无力兴起。比如前文提到的古籍修复的人才需求与人才供应之间的巨大落差。在一些高端手工定制产品的生产领域,都存在着不同程度的高端技艺人员的缺乏。在演艺行业内,高水平技艺人员的缺乏也制约了一些受众有所回升的民间表演艺术的发展,例如在我国很多地方曾经盛行的龙狮、滚灯、竹马等民间舞蹈,在很多节庆活动中都有需求。但是各地演出者的技艺水平与之前相比,大在不同程度地下降,有些只能表演最基本的动作,导致观众觉得这些舞蹈没有什么看头,表演的邀请也就随之减少。而一些演出人员技艺水平很高的表演团队却能够一直保持一定的市场。这说明了传承者在非遗合理利用中的核心作用。由于大部分非遗技艺不可能在短期内掌握,而成为一个得心应手的合格手工艺人则更需要经验的积累,所以在必须以品质去对抗大工业生产的时代,传承者的生产水平和素质对非遗的开发利用尤为重要。传承者在传承技艺的同时,也需要继续传承固有的生产伦理,即尊重自然,尊重受众。例如,泉州提线木偶剧团几十年来不仅在表演剧目上推陈出新,还注重对年轻人才的培养(图4-50、图4-51)。

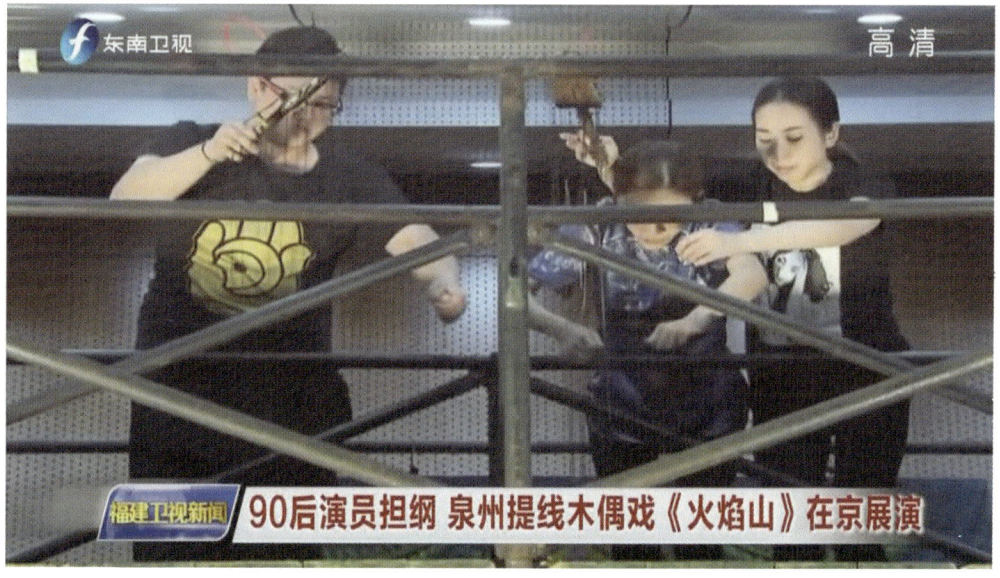

图4-50　泉州木偶剧团由"90后"传承人担纲的提线木偶戏《火焰山》在京展演(福建卫视新闻,2018年5月13日)

图 4-51　泉州木偶剧团的"80 后"提线木偶头雕刻传承人陈俊翔正在为"00 后"实习生们讲课（陈俊翔提供图片）

（2）设计与创编人员。由于非物质文化遗产个性化生产（表演）的特点，杰出的传统艺人都有一定的设计或创编能力。手工艺人会根据顾客的要求对产品进行外观或形制上的改变。仅是一张板凳，儿童用和老人用就会在尺寸、材质上有很大的不同。民间的表演艺人大多会根据场合和观众来进行即兴的表演，所以即使演出内容大致相同，也会有各种不尽相同的演出。但是当下的中国，设计与创编力量在非遗的开发利用中都严重缺乏，首要的是从业者设计创编的能力较弱，从业者更多的时候，只是传承原有的技艺。造成这种情况的最主要原因还是非遗的衰微。那些不断涌现新设计和创编作品的非遗行业都是市场状态良好的，因而能够吸引优秀人才进入，人才又推动了市场的开发，行业得以步入良性循环的轨道。而那些衰微的行业，因为存续环境的改变，受众与市场萎缩，从业者能够勉力维持现状就已不易，更无心开展设计创编了。而后继乏人现象的普遍存在，导致了这些行业很难吸引具有设计创编能力的优秀青年人才加入，加剧了市场萎缩，陷入恶性循环。

一些曾经作为生产生活技能的手工艺，由于产生于生产生活方式变化较为缓慢的传统社会中，一个成熟的产品及其样式在很长时间里是不需要改变的，因此缺少不断变化以适应市场和需求的外在动力；一些传统的表演艺术，在达到其发展顶峰时，出现了一系列经典作品，外界对它们的认知就是通过经典作品获得的，所以受众形成固定审美，只倾向于观看这些经典作品，演出者只演出这些作品就足以维持现状，由此失去创编动力。以上两类非遗，一直是忽视设计与创编的，甚至是因循守旧的。而后随着时代变迁，市场受众减少，从艺者也在减少，从业者不仅失去了创编的动力，连创编的机会都没有了。

　　20世纪50年代以后，各类传统手工艺普遍进行公私合营，生产规模扩大，为提高效率，内部分工也日益细化，一些企业组成专门的研究室或设计室来进行设计。这样，设计者就日益与生产者分离。一些民间戏剧班社也进行了整合，其中的优秀人才多集中于国有的剧团或歌舞团、文化馆中。导演、编剧等创编人才开始职业化、专业化。而当后来手工艺行业普遍不景气之后，设计力量就纷纷离开原有的行业，企业也无力引进或培养新的设计人才。国有的剧团中也存在类似的情况，演出市场冷清，老一代导演编剧等老去后，难以吸引新一代的青年创编人才加入。当下中国知识产权保护制度不完善，知识产权意识的淡薄，导致抄袭剽窃之风盛行，也减弱了相关艺人自主设计创编的动力。一些具有设计能力的艺人需要花费很多时间精力去防范抄袭，有些在屡次维权失败后，干脆放弃原创设计。

　　进入工业化社会后，大部分非遗都已经经历了其发展的最高峰，技艺、生产（表演）流程已经高度成熟并且固定化。表现在物质产品生产领域，就是其产品的材质和基本形制呈现一定的稳定性。在表演艺术领域，则是作品经典化、表演行当角色等固定化、唱腔等基本表演技巧稳定化。非遗的创新，主要就是在继承传统技艺基础上的创新，并非现代科技颠覆性、破坏性的创新。现代科技创新是以新的技术去替代旧的技术，一旦出现新的替代科技，旧科技就会被抛弃。但在非遗领域，技艺的改变或创新是累积型的，必须是在对传统技艺有了充分的掌握之后，才能进行创新或改变，而改变往往是改进，并非颠覆或替代。产品或作品也基本保持原有的材质或内容（如图 4-52）。一部戏剧，改变了其基本唱腔或身段，而加入了很多现代流行音乐或现代舞蹈动作，就不再是传统戏剧。尽管在非遗领域，一直有创新与保守之争，至今莫衷一是，难有定论，但将现代科技颠覆性的创新模式引入非遗领域，处理不当将导致非遗技艺面目全非。

图 4-52　德化陶瓷厂的工业化生产流水线

非遗特有的创新（改进）模式，导致对其进行设计与创编并不在于对生产（或表演）流程或技艺进行改变，而主要集中于如何利用非遗固有的技艺，设计新的产品，创编新的作品，或者就是对经典产品进行重新包装。设计新产品，主要是对产品的形制、外观进行设计。创编新作品，就是用原有的唱腔、动作表现新的主题和内容，创作新的作品，如创新木偶戏、皮影戏等创作现代剧。包装设计是指不改变产品的外观、形制，而只是对其外包装进行改变，最通俗的说法就是新瓶装旧酒。酒还是酒，但在包装上，可以改为瓷瓶装、玻璃瓶装、木桶装等。很多具有特殊功效和独特品质的产品，如药品、茶叶、酒类、食品等，设计的重点都会集中于外包装，并且外包装设计往往也是企业进行整体形象设计的组成部分之一。（图 4-53、图 4-55）而表演类的外包装设计，主要是指经典或者传统的剧目、作品在内容上不做改变，而主要在服装、化妆、舞美等方面进行改变。现在的经典传统戏剧剧目，大多采用这样的创编形式吸引观众。

图 4-53　传统的制茶工艺

图 4-54　现代的武夷岩茶品牌包装设计

图 4-55　上海越剧院越剧《甄嬛》的现代舞台包装效果（泉州大剧院微信公众号）

当今参与设计创编的有以下两种力量：

第一种是经营单位内部的设计创编力量。非遗演艺行业中有专职创编人员的机构不多，因为非遗演艺行业演出市场大多萎缩，即使有一定的演出市场，也以经典剧目或折子戏的演出为主。只有极少曾经是国有的较大型演艺机构中还有专职的编剧或导演。大部分演出机构如果自身有创编人员，都为演员等工作人员兼职。在表演艺术领域，一些演员或民间艺人从事民间表演时，对原有的传统或民间的表演艺术进行一定的改编或包装，以舞台剧或者乐队组合等形式进行演出。以上这些设计创编人员，都属于经营单位内部的工作人员。他们对生产或演出等都是熟悉的，因此在设计创编时保留的传统成分更多。

第二种是外部设计力量参与设计创编。这种外部设计创编力量是指不以非遗行业为主业的专业设计师或创编人员。他们的专业来源广泛，大部分具有高校学习经历，并且取得相应的执业资格。进入 21 世纪之后，我国不断有专业设计创编人员加入非遗行业，以现代理念重新诠释传统。也有一些从事非遗经营的企业外聘设计创编人员进行创作，相当于购买其创意。在表演艺术领域，有一些编导人员对民间表演艺术进行改编，或者进行舞美等方面的重新包装，或者对各种表演艺术进行整合，编成一个固定的表演项目。如今各地旅游景区的实景表演，多是这种形式。这种由外部力量进行的设计创编，是现代设计人员与传统从艺者之间的一种合作。设计或创编人员的理念能否实现，很大程度上取决于艺人的配合度，也取决于设计创编人员对非遗项目文化内涵的理解程度。所以成功的案例，都是设计创编人员充分理解了非遗的文化价值后进行的一种现代再现和诠释。这需要设计创编者对非遗有足够的尊重，沉下心去观摩体验非遗的生产或表演过程，抓住非遗的真髓，而后才能够设计创编出真正体现非遗特征并以此赢得市场的产品和作品。（如图 4-56～图 4-58）

（3）营销人员。尽管大工业的生产模式不适合大部分非遗，但身处商业社会，无论非遗从业机构是个体生产还是企业化生产，任何一个从业机构包括个体从业者，都需要一定的营销渠道。当下中国，非遗行业非常缺乏专业的营销人员。非遗要获得可持续的发展，就必须获得青年消费者的认可。获得青年消费者市场，将是非遗营销的重点。所以吸引青年营销人才参与，也成为非遗行业可持续发展的重要努力方向。（如图 4-59）

图 4-56 泉州木偶剧团新剧《小金刚》排练现场

图 4-57 泉州木偶剧团新剧《小金刚》的背景采用数字绘画和动画表现形式

第四章　非物质文化遗产的传播策略

图4-58　海峡两岸闽南童谣大赛的参赛节目充分结合了现代舞台的设计形式,该比赛全程通过泉州电视"泉直播"网络视频平台直播(2019年12月12日)

图4-59 泉州大剧院微信公众号的剧目预告及购票海报

4. 非遗的经营模式

从非遗的经营者是否改变传统的经营模式和改变的程度、方向来看,当下及今后,非遗的经营模式主要有以下几种:

(1)坚守传统,延续原有经营模式:顾客、市场不变,生产方式不变。延续传统经营模式的非遗类型,可谓"始终如一",数十年如一日。在传统手工艺行业,表现为无论是产品功能、基本式样、生产技艺还是营销方式,都基本保持传统。在表演艺术行业,坚守传统就表现为演出内容、演出方式等都延续传统。一个地方小戏,多年以来,尽管演员有新老更替,演出地点也有不同,但演出的剧目、台词、唱腔、服装、妆发都没有什么变化。传统民乐、杂技、武术、舞蹈等，也大致如此。采用这种经营模式的原因，和传统手工艺大致相同。从非遗行业传承和保护的意义来看，无论是否改变经营模式，非遗的文化内涵和产品品质始终是其最核心的竞争力，所以能够恪守传统并且以此赢得市场声誉，恰恰体现了传统的价值。在一个人心普遍比较浮躁功利的时代，非遗的从业单位或从业者更需要恪守品质。尽管在当下中国，有条件和资本保持这种模式的非遗经营单位在整个行业中的比例非常小，但是其存在往往对于某一文化项目的存在具有重要意义，有些则具有"活化石"的作用，对传统的延续有着重要的示范意义。

（2）不断更新改进型。除去少数已经高度成熟或已经程式化、固定化的非物质文化遗产，大部分非物质文化遗产存续至今都不可能一成不变，而是不断根据时代和受众的变化而进行改变。尤其是那些至今活跃的非物质文化遗产，其活跃的原因就在于其一直保持着改进和创新的能力。而在高度工业化和商业化的今天，为适应不断变化的市场，赢得更多的消费者，越来越多的非遗从业单位或从业者开始在经营中引入现代设计和营销。这种模式的一个特点就是高度关注市场，及时根据市场需求，对产品（作品）进行改变，或者在营销途径与内容上进行改变。

在传统手工艺领域，可以随着艺术表现力的扩展，对产品的样式进行改变或增加，或创制全新的产品。在表演艺术领域，可以出现新的技巧和表现手法，或者创作出以新技巧或表现手法来表演的新作品。如图4-60～图4-63，将梨园戏和越剧的传统戏台造型样式与现代舞台造型设计作比较，可看出不断的更新改进为"活化"非遗艺术的传承带来的益处。再如图4-64～图4-66，泉州的传统提线木偶剧《火焰山》，多年来借鉴吸收了俄罗斯、意大利等国外木偶表演艺术的形式，在传统的基础上，综合采用西方取景框式的舞台布局方法、人偶结合的同台表演形式，借鉴了迪士尼动画片的美术表现手法，一系列大胆尝试使传统木偶剧呈现出多样性和丰富性，且又保留泉州传统提线木偶戏的艺术风格，使中国传统提线木偶神话剧更为神妙莫测、巧夺天工，引人入胜地把这一古老的民间艺术推上新高峰，创下演出两千余场的纪录。

图 4-60　泉州梨园戏的传统戏台造型样式

图 4-61　泉州梨园戏的现代舞台造型设计

第四章　非物质文化遗产的传播策略

图 4-62　越剧的传统造型样式

图 4-63　上海越剧团越剧《甄嬛》的现代舞台造型设计（泉州大剧院微信公众号）

图 4-64 提线木偶剧《火焰山》人偶同台表演形式

第四章　非物质文化遗产的传播策略

图 4-65　提线木偶剧《火焰山》剧照（泉州市提线木偶戏传承保护中心提供图片）

图 4-66　泉州市提线木偶戏传承保护中心微信公众号提线木偶剧《火焰山》的演出预告

（3）功能更新型。其特征主要是在不改变产品技艺的基础上改变产品功能，提高其艺术性。在产品功能发生改变的同时，其形制、外观等也会有不同程度的改变。从手工艺领域来看，功能上发生的改变一般都是根据市场需求进行改变。例如泉州的传统锡器工艺，在古代主要用于制作各种日用品，在现代则转变为制作具有使用和收藏价值的艺术品，而工艺没有改变（如图4-67）。

图 4-67　泉州连发锡铺推出的香插锡艺文创产品（杨婉红提供图片）

在表演艺术领域，也会根据消费者的需求在表演的应用场合上进行改变。例如很多表演艺术原本只是在舞台上面对观众进行表演，现在则以录制音像作品作为表演形式。如梨园戏、高甲戏、南音等非遗传统戏曲制作成音像作品，在20世纪90年代至21世纪初的二十年时间里，成为一种很重要的传播手段（如图4-68）。

图 4-68　俏佳人发行的国家舞台艺术精品工程系列之泉州梨园戏《董生与李氏》DVD光盘

第二节 非物质文化遗产传播的理念与方法

一、非物质文化遗产传播的理念——双螺旋式

传播是非物质文化遗产在历史长河中得以生存的根本。文化传播学学者认为，历时性传播，即文化的传承；共时性传播，即文化的扩布[1]。我们在此构建一个模型用于理解非物质文化遗产的发展过程，具象地针对传播在发展过程中发挥的作用进行分析。通过理解"链接键""外环境"的双螺旋式正效应的促发与维系方式，把握当代非物质文化遗产的媒介传播方向。

1."链接键"的促发和延伸

非物质文化遗产要实现有效传播，需要明确传播的对象和目的。

（1）工艺产品市场。"手作""手艺""工匠精神"在传播环境催生中兴起。

（2）营造小众化社群。我们需要营造出一个全新的经营小众化传播方式，从而符合现代传播特征，例如乡土情结、怀旧等部分受众的特定审美爱好与情趣等等，这些内容传播都可能因为满足部分人的需求，而有效提高整体传播效果。

（3）成功的包装是传播的前提。非物质文化遗产的包装、传播及最终的转化，并不是传承人或保护者可以独立完成的，而是需要各项社会资源的通力合作，尤其是各种非遗项目相关元素的提取与表达。现阶段的相关行业层出不穷，甚至与非物质文化遗产看似没有关联的制造行业，也开始看上了这一商业契机。

（4）信息获取与深化表达。媒介传播已经逐步由以传播渠道为根本转化成以传播内容为根本，且信息传播的技术、形式也已然不再具有差距，例如通过社交媒体对自媒体信息进行传播，只要后台的数据内容具有原创性、真实性、丰富性，就能够在短时间内提升热度，从而使具有兴趣的群体能够长期稳定地保持关注度。

2."外环境"的培植和导向

社会、政治及其他外部空间对于非物质文化遗产同样至关重要。近年来，非物

---

1 杨红.非物质文化遗产展示与传播前沿[M].北京：清华大学出版社，2017：251.

质文化遗产保护的"外环境"在传播助力下持续升温，从媒介传播的高出镜率，再到高频出现在经济社会各个领域，逐渐升格为社会关注的热点。与此同时，在研究领域，越来越多的学者意识到现代传播对于非遗传承走向的影响力、对于传承人和从业者生计的作用力，开始关注非遗在当代传播环境中的状态变化。

（1）大众媒介由名词普及向深度传播过渡。纪录片传递内涵、美感与精神，"传承者"等综艺节目传递乐趣、兴趣与知识，大型晚会等特殊收视率高的节目继续扩大非遗的关注度与影响力，非物质文化遗产的媒介传播已由名词普及阶段转入深度传播阶段。

（2）与非遗保护与传承规律相吻合的传播导向。非物质文化遗产的保护和传承，重要的是文化的生命力。

（3）提高非遗传承人和实践者的公众认知。我们需要提高的是全社会的文化自觉意识，提高公众对非遗及其实践者的整体认知。其中就包括所谓"原真性"传承的价值认知。通俗地说，就是传统手艺得不到足够的精神与物质支撑。因而，在非遗展示空间及传播话语中要有意识地"立传统为标杆"。

二、非物质文化遗产传播的途径——数字媒体平台

媒体融合指的是新旧媒体在传媒产业、科学技术以及社会资本的共同作用下相互取长补短，进行融合。在媒体融合这个大环境下，非遗文化必须要有多样性和综合性的传播方式，这是由非物质文化遗产的特性决定的[1]。

（1）以传统媒介公信力强化非遗文化价值的传播与推广。直到现在，在信息传播市场中，传统媒介，如电视、报纸、广播、杂志等还是有着举足轻重的地位，因为它们不仅在传播理念上非常专业，还有着不可小觑的内容生产力，国民度非常高。传统媒介的这种主导地位和优势应该在非遗文化的普及和传播中得到最大限度的利用。用主流媒体声音发挥舆论引导作用，让民众进一步了解非遗文化的价值，为非遗带来更广阔的生存空间。例如由北京卫视出品的《传承者》等

---

[1] 刘雅，王平. 媒体融合重构非物质文化遗产传播推广路径[J]. 中国出版，2020（6）：37–39.

节目，就用通俗易懂的方式为大众解读了非遗文化，让非遗不只传播于传承人之间，还传播于社会各个阶层和年龄段中，特别是当下的年轻人，这些都在很大程度上拓宽了非遗的传承空间。

（2）依托移动互联网平台的数字传播与推广。分众性、开放、即时以及低成本等都是移动互联网在信息传播方面的优势。移动互联网平台既能够让人们充分利用碎片化时间，还可以让人们的个性化信息需求得到满足。应充分利用互联网的优势，构建各种非遗 APP 和网站，进一步加大非遗文化的传播和保护力度，为其创造出更多的传播渠道使广大网民可以借助互联网平台与历经千年的非遗进行近距离交流，促进非遗文化的传播。

（3）借助自媒体平台的互动传播与推广。移动互联网和数字技术的不断发展为自媒体提供了良好的发展基础。自媒体属于现代媒介，大众可以通过自媒体平台生产和分享各种信息。非遗从业者可以在如微信公众号、抖音、微博、快手等各种自媒体平台上传播非遗文化，同时配合动态长图、H5、直播、表情包等全新的表现形式与大众群体进行互动，增加他们的关注度，让他们积极踊跃地参与进来，共同推动非遗的传播。

（4）深化跨界融合的传播与推广。进一步强化新旧媒体之间的融合，使信息采编、策划、编辑和发送等方面得到整合，让非遗文化的传播达到全感官、全方位、全媒体以及全时化效果。例如泉州每年元宵节开展的系列活动，就可以说是全媒体融合传播的一场狂欢。首先，政府利用各种节庆活动来让个人和组织积极地参与到活动中来，亲身感受闽台的非遗文化，体会非遗的魅力；其次，利用传统媒介如报纸、电视、杂志等对传统赏花灯、"乞龟"、猜灯谜会以及非遗民俗对歌舞踩街表演等传统活动进行跟踪报道，让我国的优秀传统文化得到充分发扬，让民众了解非遗、学习非遗、尊敬非遗和保护非遗；最后，利用网络交互平台，通过网络直播和微信专题推送的方式与网民开展实时互动，实现多媒体之间的融合，让传播有更强的实效性，推动传播方式的多样化，打破单一传播的限制，如图 4-69～图 4-72。

图 4-69　泉州元宵节传统赏花灯活动

图 4-70　泉州元宵节非遗民俗歌舞踩街表演（吴云轩提供图片）

第四章 非物质文化遗产的传播策略

图 4-71 泉州天后宫与金门天后宫联合举办的传统元宵节"乞龟"活动

图 4-72 2021 年泉州元宵线上花灯展

第五章　非物质文化遗产数字化展示传播的主要方式

为数字化展示而挖掘生成的数字资源，本身就是重要的档案资源。应用数字多媒体手段挖掘、记录和展示非物质文化遗产，为国家未来收录保存珍贵的民族文化记忆，其历史人文价值举足轻重。

第一节　非遗数字资源的记录与共享

一、非遗数字资源的记录

（一）非遗数字资源的基础性记录

西方在摄影摄像设备刚刚问世时，就出现了对非物质文化遗产的相关记录，早期职业摄影师的摄影对象主要是传统节庆仪式、传统表演艺术、各地区人们的生产生活要素和传统手工业，这是因为这些内容具备娱乐性、观赏性和代表性。

简单来说，非遗数字化记录能够通过扫描、摄影、摄像和录音等方式将各种非物质文化遗产资源转化成数字资源。非遗数字化记录是非遗数字化保护流程中的组成部分，这一流程还包括共享非遗数字资源等内容。非物质文化遗产类别和物质文化遗产类别相比具有独特性，由文化审美决定的行为过程是其核心，是一种无形的默会知识，应用数字科技手段恰恰可以很好地将这种文化记忆记录保存下来。

(二)非遗数字资源记录的意义

1. 有形化

现代数字技术对数字资源起辅助作用,使数字资源能够被呈现和记录。可以说,现代数字技术将非遗项目有形化,通过可听和可视的形式固化非遗数字资源,避免非遗项目出现缺损和变异等情况而造成损失。另外,这项技术还能够对已经损失的非遗项目起一定的抢救作用。

2. 实现较高程度的动态性

虽然非物质文化遗产在载体和因素方面都有物质的存在,但物质并不是其价值的主要体现形态,比如手工技艺和曲艺表演,这些遗产要想被展示、传承和创造,核心是行动和语言的过程。行为和语言是表现、传承非物质文化遗产的必要因素,这一过程是动态的。通常来说,非遗项目实现过程的记录需要应用数字化手段,这是由这一过程的动态性决定的,对于时空演进过程的记录,数字影像拥有绝对优势。也正因如此,数字影像设备刚刚得以普及,就被口述历史记录和民俗田野调查等领域应用。

二、非遗数字资源的共享

数字资源采集、制作后,通过各种网络媒体平台,链接到各类虚拟展示空间,同时具备阅览、评论、消费等功能,亦可根据不同展示展览需求衍生至实体空间,实现数字资源的一库多用,以及实体空间交互展示、基于互联网的虚拟空间传播之间无障碍对接。通过移动媒体网络传播,数字资源得到更为广泛地共享、交换和下载,实现"信息传播—知识与审美传播—生活与消费资源传播"。(如图 5-1~图 5-3)

图 5-1 提线木偶头

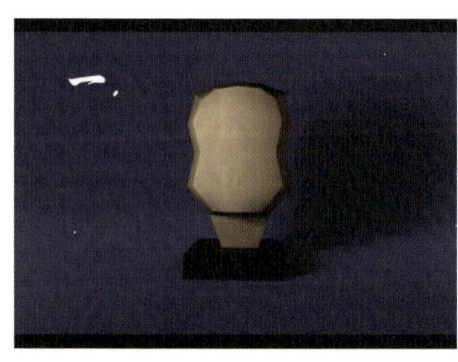

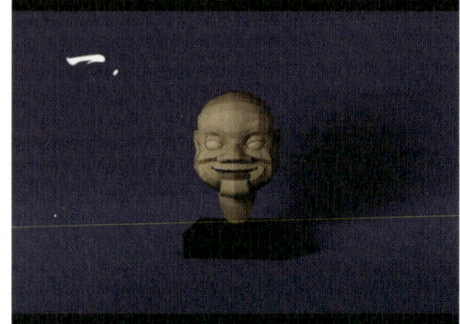

第五章　非物质文化遗产数字化展示传播的主要方式

图 5-2　提线木偶头雕刻制作过程的数字展示动画截图。

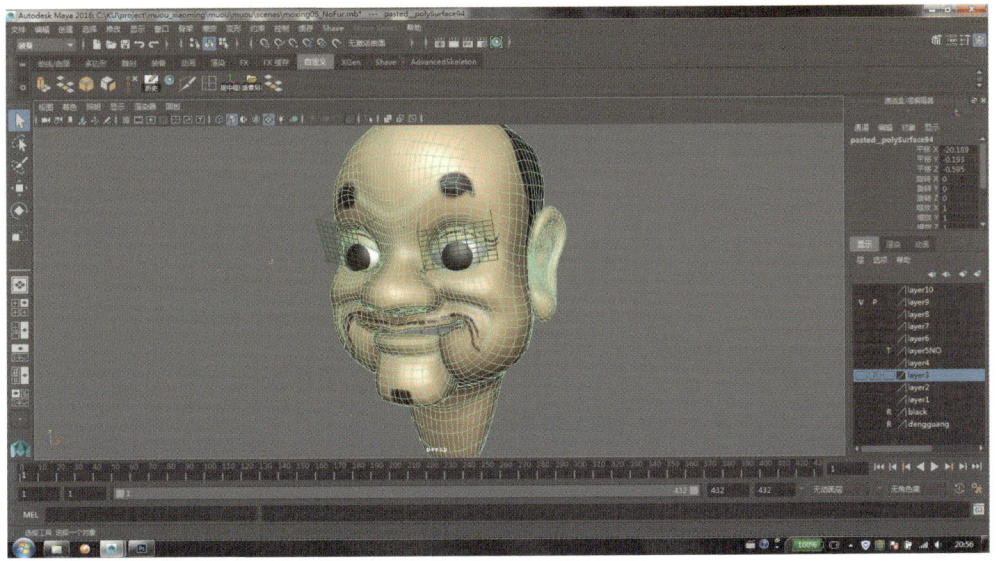

图 5-3　通过三维实体扫描获取提线木偶头的三维数据模型

（一）非遗数字资源的共享现状

网络技术和网络资源发展到一定规模与程度，非遗资源共享就成为了必然趋势。当前，从共享方法与手段出发，基于语义层面的非遗数字资源共享主要分为：

（1）基于元数据的非遗数字资源共享。异构、多源的数字资源一般采用不同的元数据标准，不同非遗领域所使用的元数据标准差异巨大。完善的元数据标准可以准确地实现非遗资源外部特征与内容特征的揭示，从而促进非遗数字资源共建共享[1]。通用元数据规范的制定为研究者构建非遗数字资源元数据标准体系提供了必要依据。

（2）基于本体的非遗数字资源共享。国内针对非遗领域本体构建的研究，一般有两种方式：①借鉴较为成熟的本体进行复用，以实现非遗数字资源开发与利用；②选取特定范畴进行领域本体或应用本体的构建。

（3）基于关联数据的非遗数字资源共享。目前关联数据应用于非遗领域的研究主要集中在关联模型、组织模式的构建。

（二）非遗数字资源服务体系的构建

1.非遗数字资源服务体系构建思路

要想优化服务体系，使区域内非遗数字资源服务体系的发展走向平衡，就必须对服务体系组成要素加以明确，另外，还要对保障体系和管理机制进行深入探讨，并构建基于要素的非遗数字资源服务体系的模式框架。

从信息服务体系来看，信息服务者是其纽带、信息需求是其导向、信息服务是其方式、信息服务内容是其基础。这四个要素是任何一种信息服务模式的必备要素。基于要素分析的非遗数字资源服务体系虽然对要素的内容、组合方式和相互联系做了一定修改，但体系基础依然是由这四个要素和相应的保障体系、管理机制构成的。

不同国家不同民族有各自的文化背景及现状，虽然在非物质文化遗产数字化资源服务体系的建设思路、构成要素的理论阐释上基本相似，但这些要素具体实

---

[1] 翟姗姗，许鑫，夏立新，等.语义出版技术在非遗数字资源共享中的应用研究[J].图书情报工作，2017，61（2）：23-31.

际的实现和操作方式是有差异的，且标准、内容和相互联系也有不同，各自实际的服务成效也会由于这些要素内容的实际不同而出现很大的差异。所以，构建非遗数字资源体系的过程等同于对要素的确定和实现的过程。

2.非遗数字资源服务体系的要素

（1）服务目标。非遗数字资源服务模式需要以服务目标这一核心要素为出发点运行整个体系。在策略层面上，服务目标对服务资源、服务主体和标准规范这三个要素的构建过程和内容起决定作用。

公众在非遗数字资源服务方面的需求，决定了非遗数字资源的具体服务目标，这建立在新公共服务理论和信息服务理论的基础上。另外，从信息生态理论角度来说，服务目标在确立的过程中也会受周围信息环境因素的影响。也就是说，区域内的个人需求和社会要素会综合体现在非遗数字资源服务体系的服务目标中。

（2）服务主体。非遗数字资源服务体系建设任务具有较高的复杂性，政府部门很难靠一己之力推动这一建设，这是因为公共服务实施过程中的主体角色较多，所以，这一建设任务的推进需要由多个机构和组织组成的多元化服务主体来进行。

（3）服务资源。包括信息服务在内，任何服务工作包括信息服务的开展都需要服务资源。数字化技术能够跨越时间和空间保存并传承非遗内容，其优势十分独特。应用数字化技术构建的非遗数字资源是一种开放、规范且系统的服务资源，这项资源出现于现代技术环境中，通过数字化处理揭示和挖掘数字资源的深层特征与内涵。它作为一项载体和产物来源于非遗数字化保护，同时，也带来了非遗数字资源服务。这里的非遗服务资源主要包括两种，分别为在服务过程中出现的服务方式和资源内容、服务主体的非遗数字化保护参与。其中，服务方式产生于资源内容并以此为基础，资源内容又反过来通过服务方式呈现，对于非遗数字资源服务体系的建设来说，二者都是核心内容。

在人类文化中，非遗是一项独特的组成部分，其资源的独特性来源于它的传承性、真实性、活态性和非物质性等特征。除了服务水平和馆藏资源，服务对象的需求和服务目的都会影响非遗资源服务方式和内容的建设。因此，必须先对服务对象和目标加以明确，而后再选择服务方式和资源内容，只有这样，服务主体提供的数字资源服务才更有特色和针对性。

3.非遗数字资源服务模式构建原则

为了实现非遗数字资源的有效服务，不断提升公众需求的实现度，并最大程度地消除时空屏障，应当构建有序且系统的服务模式。所以，以下设计原则是基于要素分析的非遗数字资源服务模式应当遵循的：

（1）整体和系统性原则。服务模式的构建需要涵盖非遗数字资源服务的资源、目标等内容，还要持续更新运作资源服务系统，这一过程创新了服务体系，反映了策略层面的非遗数字资源服务体系。

（2）需求导向性原则。政府应当主动为公众提供非遗数字资源。所以，使用户的非遗数字资源服务需求得到最大程度的满足是服务模式的立足点，应当在了解公共需求的基础上，对服务模式进行构建，只有这样，供需问题才能得到有效解决。

（3）可操作性原则。非遗数字资源服务模式的设计主要应用于对服务体系的具体指导，这项服务体系必须拥有较高的可操作性，因为服务面向的对象是全体民众，因此要以用户为中心展开设计，创造良好的交互环境，使庞大的数字资源系统化、人性化，便于选择且一目了然。

4.非遗数字资源服务体系的机制与保障

保障体系和管理机制的驱动力促成了非遗数字资源服务体系的建立，它们与四大要素共同组成了一个有机整体，在内部互相推动与支撑，逐步完善并实现基于要素分析的非遗数字资源服务体系的构建。

（1）管理机制。管理组织目标结构的实现是管理机制的最终目的，这项机制主要包含采用的手段、方法和组织形式。不同的行政管理系统各自管理着不同的公共文化机构，同一系统内的机构的隶属关系也存在差异，形成各自的管理链条。

从本质上来看，整合跨机构的非遗数字资源的主要目的是获得拥有更强服务能力和更广服务范围的数字资源服务，这一过程会选用合适的管理机制来管理机构，进而重组并融合非遗数字资源。

各种管理机制都有其特色，这些特色存在于合作机构、权限职责、相互关系和管理范围内。模式不同的管理机制在一定情况下可以同时存在。我国在确定管理机制模式之前，需要对各管理机制的适用性和特点进行充分了解，立足于实际需求与情况来优化创新现有的机制。

（2）保障体系。

①政策保障。在政策完善的情况下，我国非遗数字资源服务体系才能拥有可以遵循的规章法律。完善的政策保障体系能够为我国非遗数字资源服务主体统筹全局，依照统一的政策规划，科学有依据地建设服务资源；也只有完善的政策保障体系，可以解决服务主体之间分割条块的行政体系问题，达成跨机构资源的共建共享。

政策保障内部相互补充与协调。宏观管理政策的把控能力能够使服务责任主体在宏观层面统筹全局时有法可依，将各个主体的关系良好协调；具体运行政策可以在微观层面对服务实施主体的非遗数字资源服务起一定的规范和指导作用，能够对服务体系中存在的细微问题与矛盾进行科学合理的处理。

②资金保障。我国的非遗数字资源实际项目服务资金，绝大部分来自政府的相关投资，如专项基金、行政拨款等。与拥有先进非遗保护水平的国家相比，我国投入非遗保护的资金量还有一定差距，无法满足我国非遗保护工作升级需求。

同时，政府文化领域的投资预算金额并没有直接与非遗数字资源服务的效益挂钩，这使得资金的投入成效一般，带来了财政投入缩减和不均匀的分配等问题。想要保证非遗数字资源服务免受市场经济的冲击影响，服务体系中应当建立合理稳定的资金保障体系。

③监督保障。政府管理部门能够建构有效的监督保障体系，将对我国的非遗数字资源服务体系起激励和推动作用，促进其良性发展。如果监督保障体系缺失，不仅不会产生激励和监管的效果，服务的效率和水平也会因积极性的缺失而无法提升。

社会和政府，是多元化监督保障体系所依托的两大层面。首先，在众多监督保障体系中，政府的监管是最有效且直接的。在非遗数字资源服务体系中，政府文化部门是服务责任主体，负主要监管责任，应依据法规政策，通过自身的行政管理权力来进行宏观监管。其次，社会的监督能够起补充作用，其主体是社会公众和非政府机构。社会监督应指出非遗数字资源服务体系构建过程中的缺陷，同时考虑问题的解决方式。在非遗数字资源服务环节中，社会公众是最终的受益者，他们可以参照自身需求的满足情况对服务进行监督反馈。政府应当在监督保障体系中设立社会监督通道，保障通道的透明和畅通，社会监督也需要给出更加公正、合理、客观且公平的评价，与政府监管形成有力的互补，非遗数字资源服务体系的构建得在政府和社会的共同监督下逐渐完善。

第二节 实体空间中的数字化展示方式

一、数字化展示的优势

第一，遵循非遗活态保护规律。传承人的制作（表演）过程应该是非遗项目展示和传播的中心内容，是工作开展的核心，所以数字化的主要目标就是通过现代数字视听技术以及互联网互动传播平台，展示传承人的传承和生存状态，将非遗项目内涵和历史、传承人日常生活和生存环境展示传达给受众（如图5-4、图5-5）。

第五章 非物质文化遗产数字化展示传播的主要方式

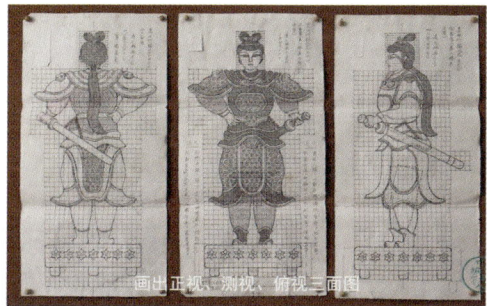

图 5-4　泉州传统竹编工艺代表性传承人凌文彬纪录片《竹编老人》（作者：池思远、李想、王国凯、庄杨）

图 5-5　泉州非物质文化遗产馆传统竹编工艺展区展有相关纪录片

第二，迎合现代展陈设计理念。对于现代博物馆的各式展示场地来说，数字技术手段在展示设计上的应用越来越普及，出现率和技术复杂度不断提高，展区中可交互区域的面积不断扩大，数字虚拟展示设计成为展馆设计不可或缺的部分，且所占比例越来越大。因为有了数字技术，诸如多媒体影像、交互体验游戏、语音讲解等等，博物馆展示不再死气沉沉（如图5-6～图5-10）。

第三，跟上现代信息传播新模态的步伐，使文化记忆在网络信息空间中快速读取与保存，当然，数字技术的进步也促使展示传播的内容和表达方式不断向纵深发展。简而言之，传播展示形式要与现代数字传播技术结合，才能活化展陈空间，引导激发大众的参观热情。现在世界范围内，人类遗产通过现代数字化技术生成、保存的数字信息，已成为重要的人类文化档案，这对于非物质文化遗产来说尤为重要。

图5-6 泉州非物质文化遗产馆入门大厅处展示的泉州非遗宣传片

图 5-7　泉州非物质文化遗产馆"泉州闹元宵习俗"展区的纪录片

图 5-8　泉州海外交通史博物馆数字动态画卷《刺桐梦华图》

第五章 非物质文化遗产数字化展示传播的主要方式

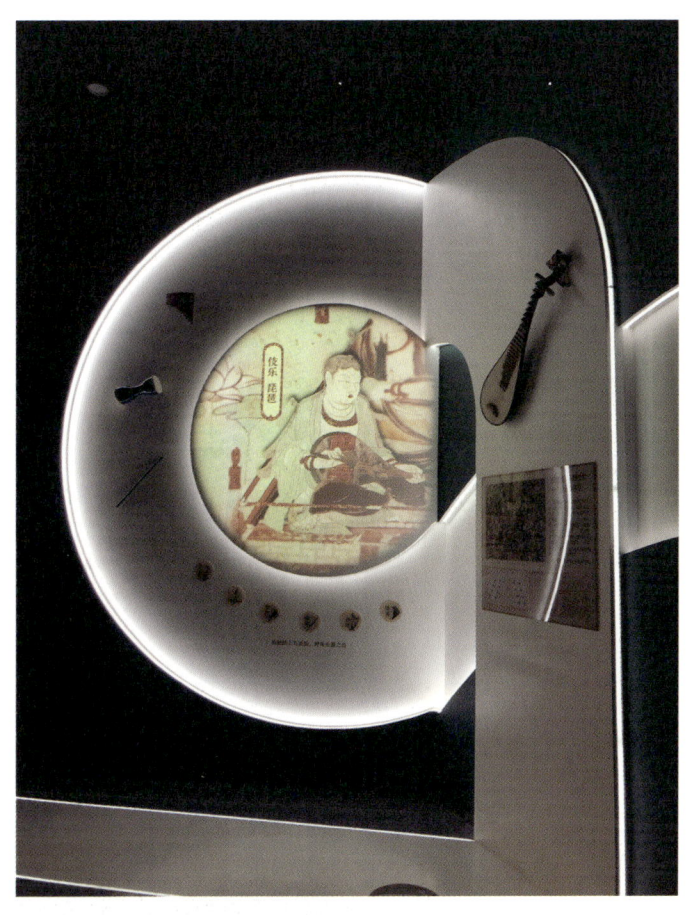

图 5-9 福建省世茂海上丝绸之路博物馆南音乐器的交互体验展示，参观者可以通过拍打画有乐器图形的小圆盘体验相应乐器的声音

图 5-10 福建省世茂海上丝绸之路博物馆中了解中国古代天文星座取名知识的交互体感游戏，参观者可以通过手势连接不同的星位使之呈现出星座名所指的动物图案

二、数字化展示方式类型

（一）工艺技艺类展示

从现代活态保护的理念看传统手工艺非遗项目，单纯的工艺品摆放展示是远远不够的，因为我们要保护和展示的不是作品而是非遗技艺及其内涵。体验是加深理解的主要途径，因此，可感知可交互的体验设计越来越成为非遗工艺技艺类项目展示设计的必备选择。当前，博物馆普遍采用以下几种解决形式：（1）博物馆在相应非遗项目展区内划分一个空间，供传承人定期来现场表演；（2）设计类似传承人工作室的场景，配合数字纪录片形式阐释非遗项目的手工技艺；（3）专门设计一个展示空间，将非遗技艺设计成手工产品，通过视频教程、传承人记录片等数字化手段辅助展示，定期由传承人现场表演，通过手工产品辅导制作与参观者形成深度互动；（4）安排交到体验游戏，例如给瓷器设计图案、观者穿上民族衣服等。（如图5-11、图5-12）

（二）表演艺术类展示

传统表演艺术项目的数字化展示过去主要以图片、影像的形式呈现。现代数字技术中的多媒体系统、高清晰度的大屏幕影像、虚拟现实、增强现实、体感交互等技术，为博物馆带来了立体化、多维度的展示空间。例如在微型戏台上通过手机增强现实APP，虚实结合观看表演，通过多媒体系统了解更多的展品知识，通过语音交互设备学习歌谣，通过体感游戏体验曲艺表演动作等等。从数字化手段衍生出来的各种信息交互展陈形式，成为博物馆设计的亮点。

第五章 非物质文化遗产数字化展示传播的主要方式

图 5-11 泉州非物质文化遗产馆"江加走木偶头雕刻"展区的传承人手艺展示空间

图 5-12 泉州非物质文化遗产馆"江加走木偶头雕刻"展区中的数字全息投影

145

（三）自然交互展示

计算机自然交互的目的是使用户在体验产品时的行为和感觉过程中隐匿机器所带来的距离感，自然交互系统的设计须以面向人的感知为基础，通过触摸、语音、动作、表情进行人机交互。人机自然交互应用到博物馆展示中，拓展了非遗内容信息的厚度，以可视化、娱乐化、全息化的方式，活化了展品和文字等静态单一的展示，用虚拟的空间拓展了实体空间，使参观者与艺术品或表演有机会进行情感互动。通过展览展品与参观者带来更直观交互体验所带来的效果，正在颠覆传统的博物馆展览观念（如图5-13~图5-19）。

自然用户界面设计有几个必须遵循的原则：（1）在专业用户看来，用户体验要犹如身体技能扩展；（2）对于用户体验，新手和专业用户要有一致的自然感受；（3）用户体验要与设备媒介的实际情况相契合，切勿一开始就试图模仿现实世界或别的什么东西；（4）用户体验要考虑使用环境，这包括正确的隐喻、视觉提示、反馈以及环境宜用的输入/输出方法等；（5）切勿抄袭既有的用户界面模式。[1]

图5-13　泉州非物质文化遗产馆的多媒体交互系统展台

---

[1] WIGDOR D，WIXON D. 自然用户界面设计：NUI 的经验教训与设计原则［M］. 季罡，译. 北京：人民邮电出版社，2012:9.

第五章 非物质文化遗产数字化展示传播的主要方式

图 5-14 泉州非物质文化遗产馆"泉州北管"多媒体音乐体验展台

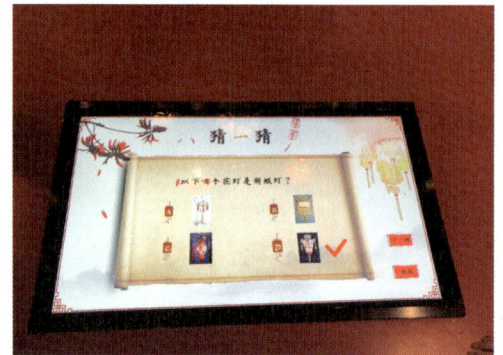
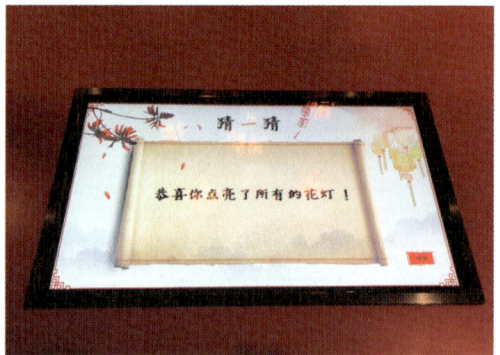

图 5-15　泉州非物质文化遗产馆"泉州花灯"展区的"花灯知识猜一猜"多媒体交互游戏，当参观者猜对所有题后全场的花灯都会亮起来

第五章 非物质文化遗产数字化展示传播的主要方式

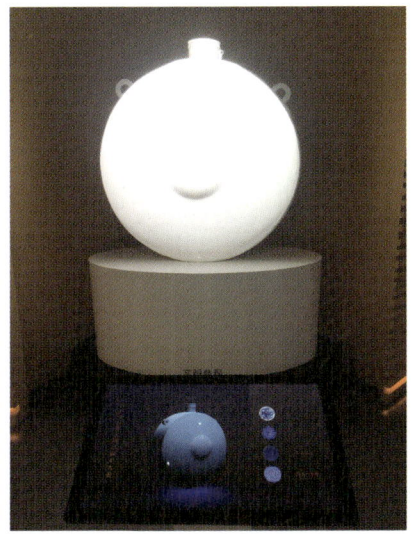

图 5-16 福建省世茂海上丝绸之路博物馆内给瓷器换图案的多媒体游戏交互体验展区,可以通过滑动手指全方位观看触摸屏上的瓷器

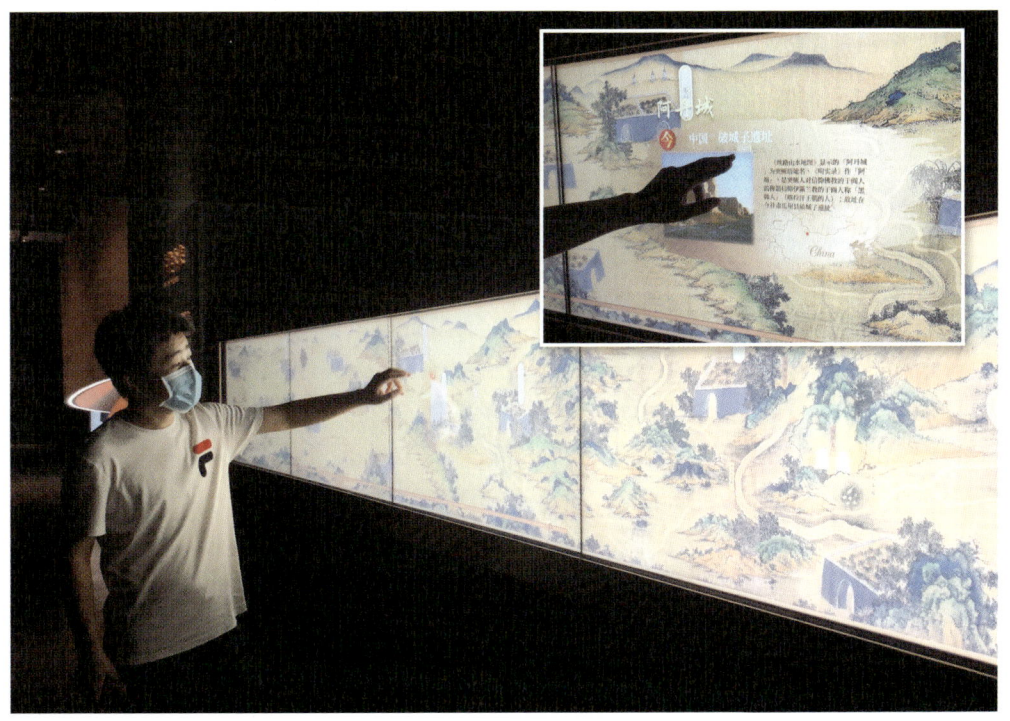

图 5-17 福建省世茂海上丝绸之路博物馆的《丝路山水地图》多媒体交互展示

149

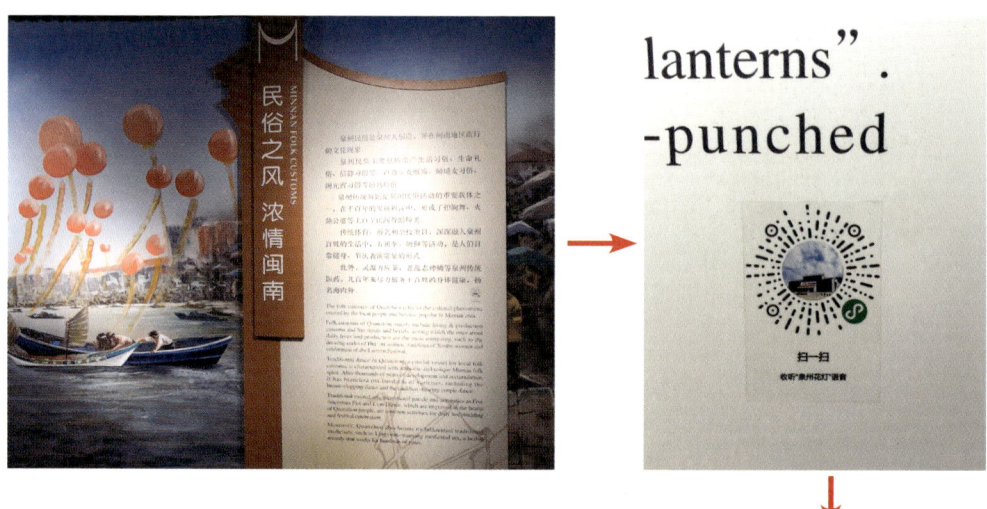

图 5-18　泉州非物质文化遗产馆基于微信平台的语音导览系统

第五章　非物质文化遗产数字化展示传播的主要方式

图 5-19　福建省世茂海上丝绸之路博物馆内可通过推移显示屏获取相关壁画中的非遗知识信息的多媒体展台

在展示设计中，技术的采用是为更好地展现内容的丰富性，引起思索与对话，弥补空间展示中的缺陷。所以，在设计时要注意以下两点。

1. 大众化

非物质文化遗产本就属于民间文化的范畴，且仍旧在相应的地域和社会范围内延续传承着。因而，非物质文化遗产展示的内容来源于普通大众生活，它的传承人本身也是普通大众中的一员。非遗传播也是面向大众的信息传播，其接受者也是大众。所以内容与信息接收者之间是平等的，甚至是没有距离感的。尤其是对于非遗所在地区的本地人来说，一般展示的非遗文化内容都是他们自身就认同的，并且在他们的日常生活之中也经常可见或耳熟能详的，很多项目都是当地人很有兴趣的。虽然一些传统文化项目与人们现代日常生活有一定的距离，但

151

是仍然拥有喜欢爱好它们的特定人群。另外，民间传统文化隶属于中华民族传统文化，具有相同的文化观念基因，国人所过的传统节日以及节庆都会有共同的特点，所以对于旅游者来说，异地的非物质文化遗产和他们所熟悉的文化记忆自然能有一定程度上的交融和重合，而其特异之处容易激发旅游者的猎奇心态。

2.可选择性

参观博物馆的大众人群，由于性别、年龄、文化水平、兴趣爱好的不同，对于非物质文化遗产的展示内容会存在着不同的兴趣点。通过设计，展示应能提供从头到尾"一条龙"的线性式参观路线，又能适合具有不同个性化参观需求的参观者。因此，应该提供自由度的多种参观选择。

第三节 新媒体传播：从实体空间到网络空间

一、非遗展示空间与手持移动设备

依托手机等移动媒体终端平台的博物馆数字信息应用，语音导览、图形地图导览、AR 信息导览等功能相继出现，其便利性和功能化受到了参观者的喜爱。非物质文化遗产博物馆开发多功能的导览应用成为当下展示设计的趋势之一。参观者通过私人手机等移动媒体终端设备应用启用线上导览功能，便可直接了解到展馆的各种信息内容及一些互动项目。应用参观者自带的手机等手持移动媒体终端设备作为无形的非遗传播推广媒介，具有以下优势特点。

（1）图片影像分享。非物质文化遗产馆的展品一般都允许参观者摄影拍照，也无需管控闪光灯。因此参观者的即时图片影像分享和收藏，是非遗传播一条重要途径。

（2）即时社交分享。图片影像的分享可以带来参观者好友的关注和讨论，在交互讨论过程中，还会产生所分享的非遗主题的衍生信息交换。

（3）定制路线。参观者可以提前下载非遗展览馆的移动媒体终端 APP 应用，清楚展馆展品、分类、导览、活动等情况，在参观前即可做好自己的参观计划。

（4）在线学习。参观者在展品前通过照片识别、二维码扫描等方式，能够随时通过在线的文字、语音、视频、动画等，学习了解相关知识。这些资源大致有以下四类：

①图文并茂的非物质文化遗产项目深度阐述，以文字为主。

②与手工艺制作、传统美术制作、传统美食制作、民间节庆活动、地方戏曲经典唱段、歌谣表演等内容相关的短视频和动画。

③非遗传承人纪录片。

④地方代表性音乐、戏曲、说书讲古等音频资源。

（5）云服务。非遗馆的手机应用提供票务、预约、在线商店、活动预告等诸多服务，这些非在场的数字化服务，为参观者和博物馆提供了便利，是现代非遗信息获取传播的一大优势。

二、非遗展示中的互联网应用

"互联网+"即传统产业加上互联网，现代社会的高速信息化为各种传统产业带来了巨大的转型空间。基于互联网的创新型社会经济形态，也改变并活化了传统文化生存和发展的生态环境。借助"互联网+"构建非物质文化遗产新生态路径如下：

（1）"互联网+"各种创新型网络技术平台，为非物质文化遗产的传播阐释提供了多元化的空间。

（2）互联网技术平台契合了非物质文化传播推广所需要的大众化、个性化传播和销售平台。

（3）互联网商品的品牌化模态应用到文化产业领域，给非物质文化遗产传承人和产业生产者带来了新的可持续增长的商机。

（一）"互联网+"在非物质文化遗产传播中的优势

（1）打破传统单向传播模式，构建一个全开放式的技术平台，吸引更多的优质受众，动员各类群体积极参与，再通过开源共享式的内容创新设计与信息获取生产的模式，打破传播者与受众者之间的隔阂，借助二者之间的共鸣与互动，共同实现非物质文化遗产的创新与传播。

（2）线上线下关系链。打通了传播模式的隔阂后，文化成员族群关系由于互联网于时空交流的无障碍性得以重构扩充。一方面，传统行业的信息传播远弱于互联网信息传播模态，于是互联网弥补了由于时空分隔造成的传统非遗传承、传播的断层；另一方面，当通过"互联网+"渠道参与到非物质文化遗产保护与传承中的传者和受者越来越多时，社会化数字媒体平台在整个社会网络中的连接价值和由此带来的文化规模效应将倍增。

（3）打造文化商机的连接器。互联网商业化发展的方向是非物质文化遗产的产业化，产业化的创新变得更加具有前景。一方面，扩容的产业需求空间带来了商业价值也带来了竞争，激发生产者对非遗内容和产品的创新，从而赋予非物质文化遗产活态化更多生命力。另一方面，网络媒体传播平台对传播的多形态创新，成为产品受众和生产者可依赖的文化传播和接受的连接纽带。

（二）非物质文化遗产数字化传承场景中的"互联网+"应用

随着市场竞争的加剧，"互联网+"环境下，商业想要成功发展就需要把握住各种场景下人们的需求并予以及时的满足。当然，各种场景下诞生的智慧社区、智慧生活、智慧城市和智慧地球都产生着越来广泛的影响，并改变了人们的生活、生产方式。

移动设备、传感器、定位系统、大数据等都是场景构成不可或缺的硬性技术指标的组成部分。此外，场景中也不能缺少人这一关键元素，由于人的参与，从而创造了更具生命力和更具包容性的环境，其使非物质文化遗产在传播过程之中具有更为广阔的文化空间。因此也可以说，虽然技术要素、市场要素、制度要素以及用户要素都是场景时代的重要驱动力，但是本质问题还是在于用户，因为不论任何的场景都需要用户参与其中。时间场景也好，空间场景和情绪场景也罢，用户的实时需求都是促进其发展的根本原因，场景通过消费体验和文化体验等使用户的"适时体验"得以提升。对非物质文化遗产进行时间节点、地域范围、文化意志等各个方面的深挖以及重建等，也是基于"互联网+"非物质文化遗产数字化传承场景构建的一个重要目标。

非物质文化遗产传承人基于"互联网+"而获取了更多的文化保护、商机和技术支持等,从而促进了其文化自觉的鲜明化发展,而且场景的开放性特征也促进了其和异文化群体成员之间的沟通和交流。在多元内容和开源技术的帮助下,非物质文化遗产也有了不断的创新和创造,有利于其从"他者"向"我"或者"我们"文化的转变等等。

总而言之,非物质文化遗产在"互联网+"的技术驱动下呈现出了鲜明的特征,并为非遗数字化传承提供了一个全新的场景式生态环境。例如,泉州非物质文化遗产馆通过手机移动端APP"泉州文化云"提供了参观导览、展览活动和预约、展馆非遗知识地图、VR云展馆服务,通过微信平台提供展馆展品语音讲解、非遗系列小课堂,还通过短视频平台展示了泉州各类非遗项目宣传视频。(图5-20~图5-24)当然"互联网+"作为一种全新的文化创造力,其发展尚未成熟,还存在很多的不确定性,所以应该通过实践来予以指导和改进。

技术的发展和价值的提高,使"互联网+"有了更广泛的影响,"互联网+非物质文化遗产"将成为未来非遗数字化传承的一个发展趋势。所以,为了让非物质文化遗产的传承得到更好的保护,闽南各地市也开始重视培养文创人才,引进先进的商业模式并予以制度上的保护等,这也是促进非物质文化遗产持续多元化发展的一个强劲动力。

图 5-20 "泉州文化云"APP

图 5-21 基于微信平台的泉州非物质文化遗产馆语音导览

第五章 非物质文化遗产数字化展示传播的主要方式

图 5-22　泉州市艺术馆抖音主页　　　　图 5-23　泉州非遗馆 VR 展厅

图 5-24　基于微信平台的泉州市非遗保护中心非遗系列小课堂

157

三、虚拟现实的普及与应用

（一）虚拟现实体验

近年来，虚拟现实技术在许多行业进入了应用试水期，特别是 2016 年被称为"虚拟现实技术元年"。在强大的商业预期和技术研发支撑下，虚拟现实设备的普及有望成为现实，以往影响浏览效果的一些"瓶颈"问题得到了一定程度的解决。

虚拟现实技术（virtual reality，VR）和增强现实技术（augmented reality，AR）生成的是实时、动态的立体影音图像，通过传感设备和自然交互手段获得多感官的沉浸体验，实现了由计算机生成的虚拟但可感知可控制的物体进入"真实"世界。VR、AR 所提供的三维动态模拟环境，以及实时可感知、响应与交互的沉浸体验，一下子拓宽了展示空间提供给参观者的关于过去、现在和未来的视域。

而就展示内容而言，VR 技术优势，如交互、游戏、临场感等，还需依托于实体展示空间才能得以施展。AR 技术由于是将虚拟信息叠加于客观世界中，它能更好地与实体空间融合。因此，VR 和 AR 技术在非物质文化遗产的传播应用，离不开实体展示空间。（如图 5-25、图 5-26）

（二）数字化技术对文化的展示传播

展示传播是指在特定的时间和空间，对信息（及其载体）进行在场公开的演绎或陈列，以供人们欣赏、学习的信息交流与传递活动。非物质文化遗产数字化展示的目的是在相应实体展示之外，通过其各种数字化内容、形式，有效地传播文化信息，其展示的信息是立体多维的表现，向广大参观者传递展示项目的历史和科学文化知识，更多的是传递文物内在所包含的文化内涵和人文情感。

在非物质文化遗产数字化展示中，除了上述表现，运用人类善于情感交互的因素，还可以深度挖掘非物质文化遗产潜藏的民族文化记忆的重要意义和价值信息，让参观者重新认识非遗，从而产生兴趣以至被打动，形成深刻记忆，使其对展示对象的理解从表象深入到其情感与精神的本质部分，促进观众与展品之间的情感交互。例如，AR 技术在展示中的应用，可以使历史、现实、参观者所身处的现场形成一个"平行空间"，三者相叠加搭建起视觉沟通的桥梁，AR 作为一种超时空的文化交互媒介，实现人与非物质文化遗产的情感的传达与交流。

第五章 非物质文化遗产数字化展示传播的主要方式

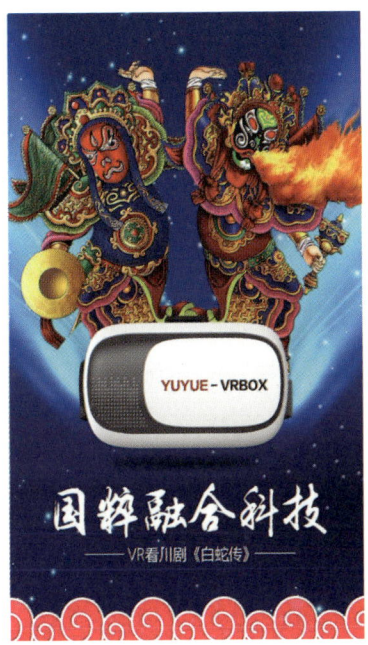

图 5-25 "VR 变脸" APP

图 5-26 "AR 安徽非遗" APP

159

（三）虚拟现实技术的综合运用体系

应用非物质文化遗产的数字化多媒体交互、情景虚拟再现、多感官交互、数字资源管理与服务等技术功能，针对非物质文化遗产构建非遗知识可视化虚拟展示系统，可以实现基于文字、图像、影像、动画、声音的内容立体化、多维度、多感官、全方位的阐释效果。（如图 5-27～图 5-32）

图 5-27　福建省世茂海上丝绸之路博物馆应用虚拟现实立体投影技术再现敦煌壁画场景，参观者可通过交互设备获取壁画相应的知识信息

第五章　非物质文化遗产数字化展示传播的主要方式

图 5-28　福建省世茂海上丝绸之路博物馆中的试穿古代服饰 AR 交互游戏

图 5-29　泉州李贽故居博物馆内的李贽虚拟现实全息影像展台

161

图 5-30　意大利圣吉米尼亚诺博物馆的谷歌 AR 眼镜导览设备

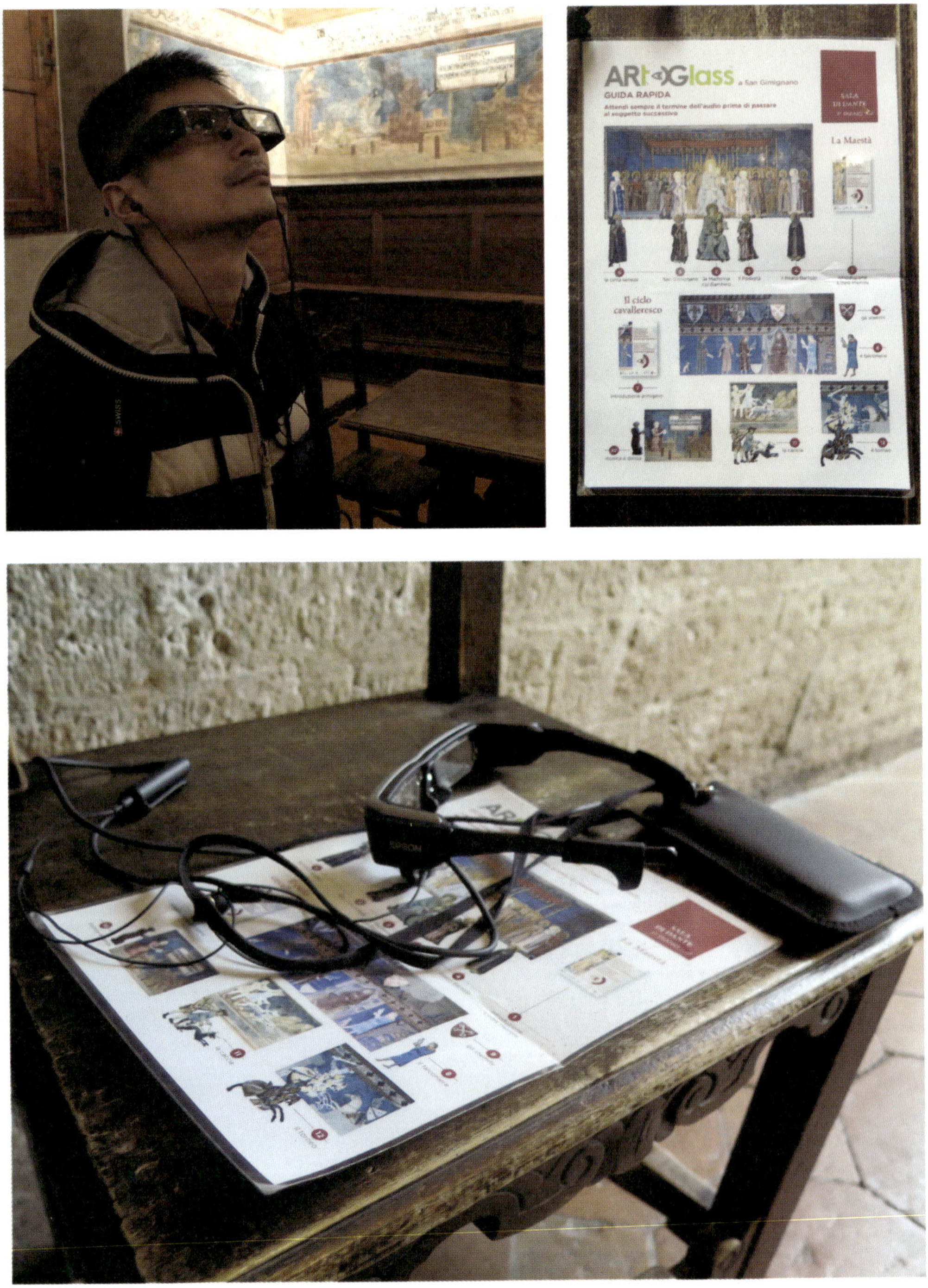

第五章 非物质文化遗产数字化展示传播的主要方式

图 5-31 泉州非物质文化遗产馆 VR 展厅

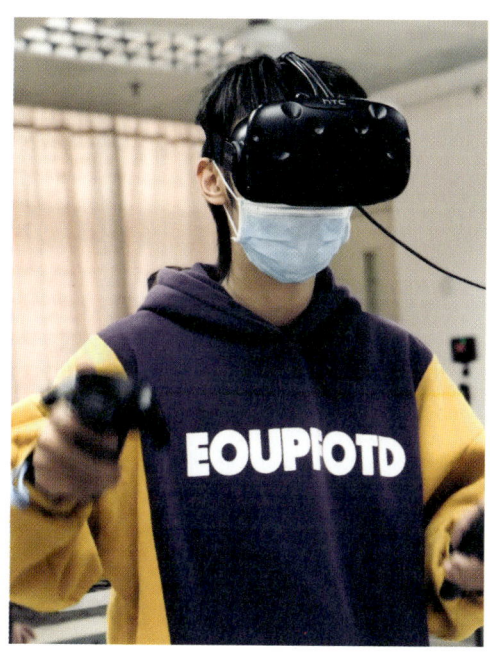

图 5-32 学生使用 VR 眼镜网上体验参观展馆

163

（四）非遗数字博物馆

虚拟博物馆和网站通常都是站在普通大众的角度，希望通过更多的数字化技术表现形式，以提升自身的关注度。但作为研究者，就需要理性看待数字化展示形式的传播效果与存在的意义。

（1）"中国非物质文化遗产网·中国非物质文化遗产数字博物馆"基于文字、图像、视频影像等表现元素，将庞大的非遗项目数据库，包括非遗新闻资讯、非遗政策、非遗百科知识等内容以文献资料归档的组织形态，极具条理地整合于一体。

（2）在非物质文化遗产数字化领域，北京市科学技术协会信息中心建立的"北京数字博物馆"是博物馆网站新形态较成熟的一个案例。目前，在北京数字博物馆中，专门设有"北京民俗数字博物馆"，包括"民风一条街""民俗节日情"等板块。

（3）泉州非物质文化遗产馆VR展馆以泉州非遗馆实景为基础，选取94个点位，进行720°拍摄合成，全方位还原真实场景，可配合移动设备的重力感应、场景旋转等功能多角度观看。VR展馆分为四个主题：①"物华之美·民间瑰宝"展示泉州独特的民间艺术；②"民俗之风·浓情闽南"展示泉州传统舞蹈、体育、游艺等项目；③"泉腔之韵·晋唐遗响"展示泉州的传统音乐、戏曲、木偶等传承；④"天工之巧·匠心营造"展示石雕、瓷器、金苍绣、漆线雕等精美的泉州传统手工艺项目。

第六章 非物质文化遗产数字化资源的开发与利用

数字化技术为我们提供了一种非物质文化遗产保护与传承的新手段和新契机。现阶段，如果能够尽可能多地收集非遗数字化资源，那么，数据的增值与更多价值的被挖掘是指日可待的。[1]

第一节 数字化资源库建设

一、非物质文化遗产数据库的构建

（一）数据库的集成与建档

数据库是按照计算机数据结构来组织、存储、共享和管理大型数据的一种软件应用。非物质文化遗产包罗万象，近些年来，国家加大力度对各种非物质文化遗产进行了普查，并搜集了大量有关的零散资料如基本数据表格、文本、图片、音频以及视频等。建立数据库对非物质文化遗产资源的保护起到了重要的作用，使得非遗项目的管理效率得以显著提升。非物质文化遗产数据库是以非物质文化遗产数字元数据为标准[2]将大量的、分散的信息数据进行集合的一个过程，这种合并和共享不同数据结构的数字信息资料和硬件设

---

[1] 杨红.非物质文化遗产展示与传播前沿[M].北京：清华大学出版社，2017:148.
[2] 卢杰，李昱，项佳佳.非物质文化遗产濒危评价及数字化保护研究[M].武汉：华中科技大学出版社，2018：105-106.

备有利于促进数字资料的整合和集成。

从单个的非物质文化遗产项目角度来说，一般以不同项目的传承人为单位进行档案的建立。非物质文化遗产保护传承的特征在于活态性，这就需要针对各个非遗项目的传承人数量、传承项目登记、相关音像文字资料以及传承区域范围等情况进行建档，以便能清晰地掌握各个项目的存续状态并对其提供必要的保护措施。泉州地区具有品类齐全的非物质文化遗产和复杂的项目传承人档案，若全部采用实体资料进行管理将带来非常大的管理难度，也无法满足现代管理的要求，所以数字化档案保护就尤为重要，它有利于及时地监测、管理和分析项目数据，从而有效地提升非物质文化遗产的保护力度。

（二）**数据库的保护与共享**

非物质文化遗产数字化资源相对于非物质文化遗产实体本身来说，主要是使项目资料信息便于保存、传播和共享。不论是从人对非物质文化遗产资源的需求，还是从社会对非物质文化遗产的认知、保护出发，通过网络信息技术实现资源共享是趋势，而最大限度地实现非物质文化遗产资源保护和共享的手段就是建立数据库。

数据库可以将散存于世的、难以在物理空间保存的文化资料、实物资料，通过计算机数字化技术集中存放在数据库中，使非物质文化遗产资源利用价值最大化。

（三）**数据库的功能架构**

建设非物质文化遗产数据库是提高非遗资源利用率的有效途径。文化遗产的数字信息是非物质文化遗产数据库的基础。根据非物质文化遗产资源的总体情况，按照遗产项目的类别、历史脉络、传承人、文化内涵、技艺、工具等分类，通过数字网络技术集中归档入数据库中。

（1）以非物质文化遗产数字化资源为主线。根据数字化技术标准，在数据整合平台上对非物质文化遗产进行项目数据梳理、数字编码、整合编辑、编目标引等工作；然后由数据库管理者将数据加载到存档库和发布库，支持用户全文、关键词、音视频检索等，以满足用户的查找、阅览等基本需求。

（2）建立互动展示平台。数字化不仅仅是展示，还应具备人机互动功能，用户可以与数据库进行互动。同时互动展示平台应设计为开放式的，根据用户权限可申请添加和补充文化遗产数据。

（3）构建内容云分享使用平台。非物质文化遗产数据库的功能是传播和传承优秀文化，使文化价值发挥最大效用。内容云分享使用平台的功能包括在线阅览、线上学习、付费下载、活动宣传等，主要为非遗保护传承的公益服务和产业应用提供文化内容和信息数据。

非物质文化遗产数据库的建设，实现了非物质文化遗产的数字资源管理，挖掘了其中的有效资源，有利于科学研究、经济转型、文化振兴等如中国非物质文化遗产网。（图6-1）

二、非物质文化遗产数字化资源库的建设

数字化资源库的建立需要基于一定的标准，并应及时地存储、管理和传播相关的数字化资源。现在，数字氏资源库的主要建设和管理者还是传统和资源库建设单位，而且各个单位之间的资源共享和传播管理也由其负责，建立了集各级文化部门、科研院所及文化创意企业为一体的共建共享双向建设和传播的资源综合体。

比如，全国文化信息资源共享工程就集合了文旅部、国家图书馆以及财政部等多个单位，实现了"国家中心、分中心、基层中心"的三级服务体系，并有着明确的分工，国家中心主要是对各分中心的资源进行统一的入库和管理，并将网络资源服务提供给各个分中心。

促进"政府有力监管、多方共享共建、集成开放服务"的传播和运营公共服务模式的成熟化发展，并以非物质文化遗产资源管理的双向互动传播模式取代传统的单向传播，这对非物质文化遗产资源库的建设、管理和传播都是非常有利的。

图 6-1　中国非物质文化遗产网

第二节　数字化产品的开发技术

以非物质文化遗产为主体,并对其中的大量图像、音频、视频、三维模型以及文献文本等数据库资源进行开发应用的数字产品,称为数字化非物质文化遗产。因为这属于数字化资源,所以可以对其实现数字化的共建与共享。

如今,大量的数字文化产业在技术的升级和内容的传播中都以新兴数字媒体为媒介而进行,比如数字移动终端、互动电视和多媒体交互系统终端正不断普及和发展。和传统媒体有所不同的是,新兴的数字媒体具有相当友好的交互性,这也有利于激发用户的兴趣,非物质文化遗产展示中应用新兴的数字媒体技术已然成为一种趋势。所以,在开发数字化产品的过程中,应该充分发挥计算机人机交互技术、立体成像技术和虚拟现实技术等各种新型技术的优势和特点。

第三节　数字化技术体系构建

一、数字采集与生产技术

(一)数字采集技术

数字采集技术是基于三维扫描、动作捕捉采集技术规范等要求,采用数字化的手段来记录传统艺术活动、戏曲或舞蹈文化活动等相关的环境、器物和活动空间的一种方式。[1]

目前数字化采集技术体系并非单纯地完成传统的文本、实体扫描数字化,以及音频采集、视频录制等工作,而是需要利用立体像、三维动作捕捉等技术来保护和创新非物质文化遗产资源的数字化发展。

(二)数字生产技术

数字生产技术是指为了满足各个消费群体的需求而利用资源共享和服务平台

---

[1] 夏三鳖.非物质文化遗产数字化研究:以女书为例[M].北京:中国社会科学出版社,2017:131.

中的非物质文化遗产资源来进行文化生产、文化营销、文化创意以及数字创作，并将其投入市场来获取一定经济效益的一种模式。

非物质文化遗产的数字化产品开发生产周期主要包括以下几个阶段：

（1）对非物质文化遗产内涵进行挖掘，按照标准规范采用多种技术手段进行数字化内容采集。

（2）对资源进行预处理，按照相应的分类体系和元数据录入标准进行存储，建立不同类型的非物质文化遗产资源库。

（3）对数字化资源库进行管理，包括提供资源的目录服务、网络发布、检索服务、上传与下载、在线阅览等。

（4）综合运用图像处理、影像编辑、计算机动画、三维扫描或复杂场景的实时构建渲染等技术，对资源库中的资源进行数字内容产品生产和制作。

（5）通过计算机多媒体系统、数字移动媒体、数字电视等终端，以多种表现形式对非物质文化遗产数字产品进行展示和销售，并获取一定的经济效益。

非物质文化遗产的数字化产品开发技术主要涵盖了非物质文化遗产的数字采集技术、数字生产技术、数字存储技术、数字资源管理技术、数字媒介传播技术和数字消费技术。

二、数字存储技术

随着数字化存储技术的进步和发展，非物质文化遗产的存储更加多元化。基于非物质文化遗产品类齐全、发展多样化等特征，应分别采取适宜的数字化存储手段，其间涉及非物质文化遗产分类、存储和描述的标准和规范等问题。因为不同学科对非物质文化遗产的分类方法存在一定的差异，非遗的数字化存储在不同的数据库中可选择不同的学科进行分类，而且目前就非物质文化遗产资源数据库建设还无统一标准和统一规范，这都将影响非遗资源的数字化存储和共建共享的实现。

三、数字管理技术

数字管理技术是针对非物质文化遗产资源的共建共享和服务问题而采用的一种

数据分发技术和共享技术。数字管理技术体系可以结合非物质文化遗产数字内容资源的管理、存储、发布、交易以及版权保护等环节,为非物质文化遗产资源的共享服务平台构建创造条件。例如,位于厦门的十一维度(厦门)网络有限公司开发的含展示非遗工艺产品和文物等内容的 VR 三维数据云服务平台,实现了数据资源的采集、存储、管理、发布、交易以及版权保护等功能(图 6-2)。

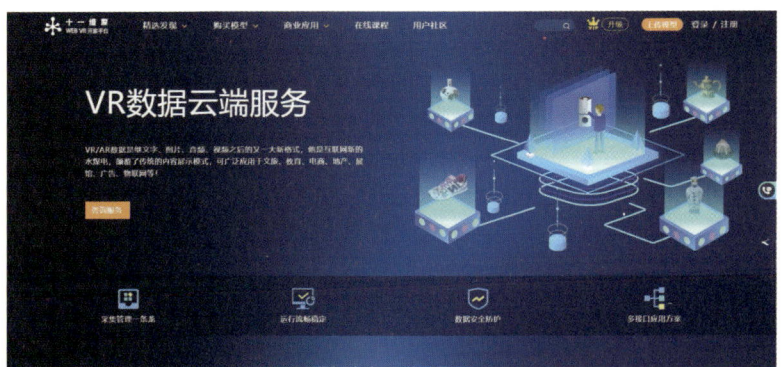

图 6-2 十一维度(厦门)网络有限公司开发的 VR 三维数据云服务平台

第七章　非物质文化遗产新媒体展示设计实践

　　一般来说，艺术的形式在媒介元素中，会有固有的惰性和传统，但艺术家不断创造使艺术形式不断发生变动，它们分别体现了"非人化"的物质自动性，以及"非个人"的文化自动性，这一关系最终造就了不同艺术的独特风格。

　　由于数字媒介的数字编码和媒介对象的模块结构允许包括媒介生成、编辑、获取等自动性操作，所以至少是部分的，人的因素被有意地从这个创造过程中被移除。但这种自动性缺乏文化自动性与之相协调，尤其是当数字技术进入动画创作领域时，它缺乏隶属于自身的艺术表现传统，数字动画的动作设计大都是借鉴以往的动画运动法则，如迪士尼二维动画运动规律，或真实世界运动，如运动捕捉。这归因于文化自动性的缺失导致的技术模拟能力，或者，借用文学修辞学理论，它呈现的是一种"零度"风格、随时等待一种新的文化价值对它进行充实和偏移。

第一节　泉州传统提线木偶的数字化记录与保存

一、泉州传统提线木偶戏

　　木偶又称"傀儡"，早在秦汉之前就已在中华大地上流传。泉州的提线木偶古称"悬丝傀儡"，唐末五代时即已出现在泉州，经历宋代融入"梨园戏"诸多表演元素的演变，至今仍在流行。泉州提线木偶戏 2006 年被列入我国第一批国家级非物质文化遗产项目，曾代表中国的木偶艺术多次走向世界舞台，特别是在北京奥运会开幕式上的亮相，吸引了人们的目光被各国同行誉为"世界一流的木偶艺术珍品"。一方面，它具有毋庸置疑的鲜明民族性。泉州提线木偶戏除了有精美的雕刻艺术和刺绣工艺外，最主要的还是其一身有十几条甚至三十几条悬丝及精巧的操纵结构，形成一整套"传统线规"。另一方面，作为传统戏曲，它还保留有七百余出传统剧目和由三百余支曲牌唱腔构成的独具一格的剧中音乐"傀儡调"。最为特别的是表演时强调"傀儡意念"，使木偶在台上富有生命力，从而呈现出一种独一无二的木偶表演艺术形态。

二、提线木偶造型与表演动作的元数据采集

任何数字化资源在共享、传输过程中，必须有一定的数字化标准和相应的元数据保存规范，才能实现有效、统一的资源共享和交流。在信息数据库中，需要将非物质文化遗产以计算机所能识别的表达方式进行统一规范的编码和呈现，才能实现非遗项目的数字化信息的提取与存储。然而，现有的非物质文化遗产数字化资源在建设中缺少统一的标准和接口支持，且存在技术目标不一致、技术管理不规范等问题，导致资源难以有效整合与共享。这方面具体原因和困难，本书前文已有相应论述。在对泉州提线木偶的木偶实体和表演动作进行的数字化提取实验中，我们事先考虑了传统提线木偶戏数字化资源元数据的创建、描述、组织、检索、保存和应用等功能的整体需求，这是实验的初衷和基础（如图 7-1～图 7-7）。然后从这一传统提线木偶的相关非遗知识点入手，同时查阅了相关传统戏曲数字化技术规范，包括资源数字化采集、资源保存等技术规范文献，确实遇到了上文提到的没有统一的规范和标准的问题。

因此，本项目主要研究适合于非物质文化遗产项目中提线木偶类的可数字化介质（模型、动作）的采集技术规范和元数据方案，结合实践操作，使之成为传统戏曲资源的数字化采集和存储规范的研究个案。从理论角度来讲，在元数据方

案的制订中,为实现对资源的统一管理,通常采用两层元数据结构。第一层是通过提取提线木偶戏类非遗项目资源的共有属性,制定其核心元数据,第二层由不同地区的提线木偶戏非遗项目组成(如泉州提线木偶),包括模型元数据和动作元数据。因为同一种类的不同项目都有其特有属性或者特点,增设第二层的目的就是体现各个项目的特有属性。本项实验侧重于对第二层属性的研究。

(一)提线木偶头数字化模型采集

泉州提线木偶头三维模型元数据采集实验方法的设计和制定过程中,参阅了相关设备的不同指标、行业标准以及国家博物馆有关文物三维模型的制作规范和指标,从泉州传统提线木偶头数字化采集实验操作过程的实际情况出发,希望对今后其他非物质文化遗产(工艺类、表演类)项目的数字化保护也能提供一定的借鉴。

 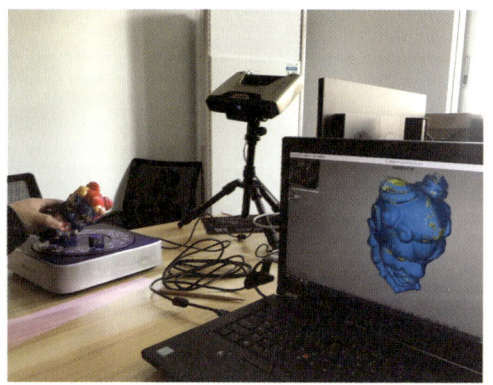

图 7-1　提线木偶头三维数字化扫描(林振忠提供图片)

第七章 非物质文化遗产新媒体展示　　设计实践

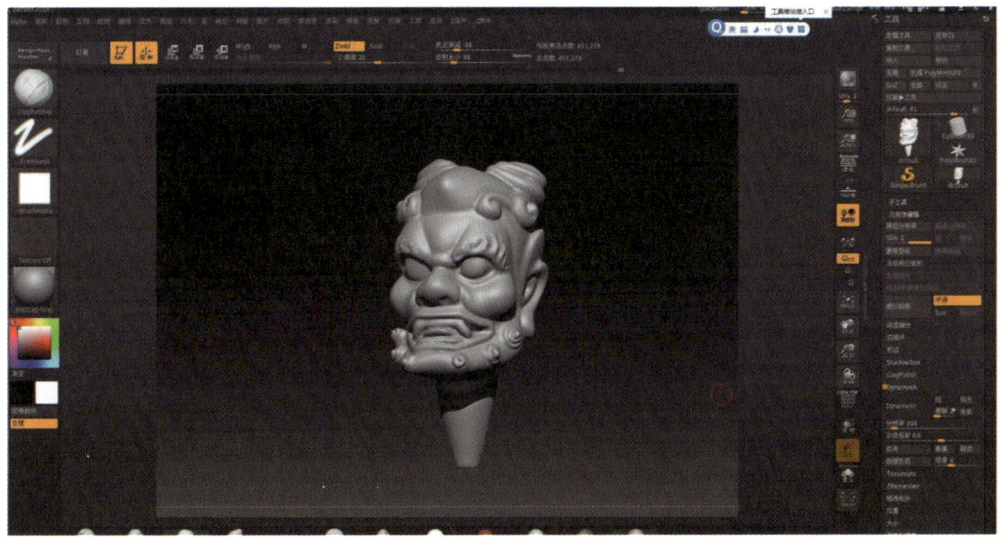

图 7-2　木偶头三维扫描后期模型修整（林振忠提供图片）

图 7-3　大型提线木偶剧《小金刚传奇》主角小金刚设计图及木偶（泉州提线木偶戏传承保护中心提供图片）

175

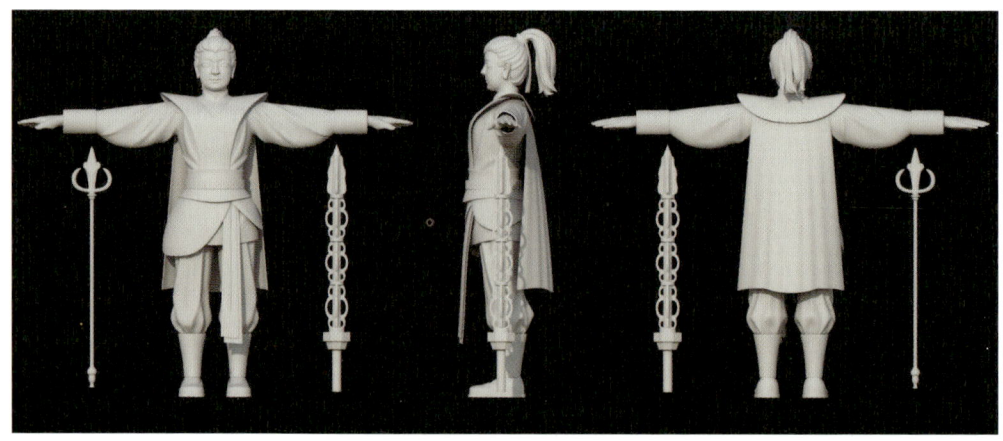

图 7-4　木偶小金刚三维数字模型

图 7-5　大型提线木偶剧《小金刚传奇》反角蛟龙木偶（泉州提线木偶戏传承保护中心提供图片）

图 7-6　木偶蛟龙的三维数字模型

图 7-7　数字三维模型应用在大型提线木偶剧《小金刚传奇》舞美设计中

（二）提线木偶表演动作数字化采集

　　传统提线木偶的艺术生命力与傀儡师的操演技艺无法分离。就操演技术而言，傀儡师很注重加强双手操线的技巧训练，即所谓的"线功"。首先需掌握提线木偶的钩牌技法，傀儡师要进行手指、手腕、臂力、双手轮换等功夫的练习。然后就可以控制提线木偶身躯的水平线，做出摇头晃脑、上下跳动等动作。接下来要熟练掌握一套完整的"传统线规"，包括"官行""旦行""步走""打八步""四连线""拐子线"等。在练就扎实的基本功后，傀儡师要不断加深对人物角色的体会，积累自己舞台经验和艺术修养造诣，才可以准确表达出木偶角色的喜、怒、哀、乐等情感和神态。每一位傀儡师的操演，都有自己的特点和风格，但都不外乎从"线功""线规"中演化而来。因此，课题团队选择作为基础的"传统线规"为研究实验的对象。为了获得最好的表演动作，我们特地邀请了传承人林文荣师傅进行提线木偶动作表演，以便进行动作捕捉。

　　提线木偶表演形态作为一种非物质的运动形态，对其进行数字化提取和保存有利于该非物质文化遗产项目的保护和传播。尤其对于以表演为主的戏曲等非物质文化遗产项目，对动作数据的采集是必不可少的，而且是戏曲类保护中最重要的一部分，国内学者对此也有一定的研究成果。但对提线木偶表演动作进行数字化采集，据作者研究还没有人做过相关实验。我们主要对泉州提线木偶传统线规动作进行数字化采集实验，并对其动作数据的采集技术环境和元数据规范进行了

177

技术性探索和梳理。

1. 动作捕捉设备

（1）动作捕捉仪的设置要求

①光学式动作捕捉仪的数量最少为8个，为提高系统精度、增大捕捉范围，可以增加动作捕捉仪的个数。

②动作捕捉仪环绕表演场地排列。摆放时，尽量使各动作捕捉仪的视野有最大程度的重叠，重叠的区域就是提线木偶的动作范围，重叠范围内的动作数据比较精确。

③动作捕捉仪的摆放方式大致分为圆形和方形，根据动作捕捉仪的数量和场地，选择不同的架设方式。图7-8、图7-9所示为动作捕捉仪放置示意图及放置测试现场。

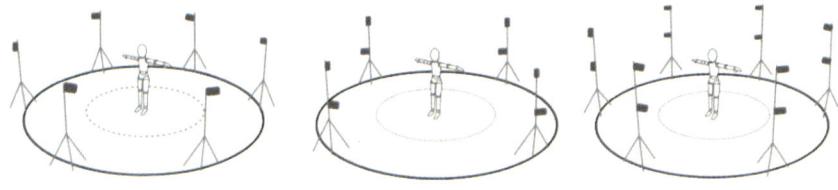

图7-8　动作捕捉仪放置示意图

图7-9　动作捕捉仪放置测试现场

提线木偶与人体一样由许多关节组成，关节可以做平移或旋转等一定自由度的活动。图 7-10 为三维动作捕捉内设的标准人体骨骼关节的树状结构模型。

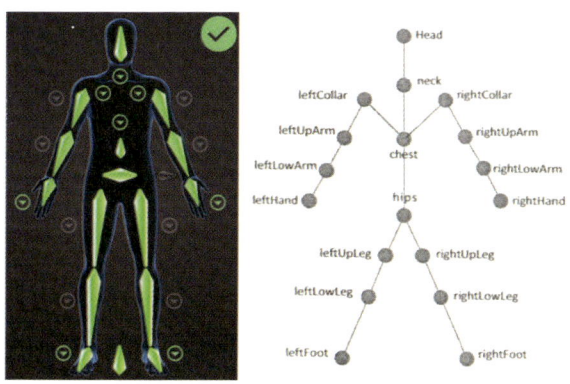

图 7-10　Autodesk HumanIK 骨骼标记点设置示意图

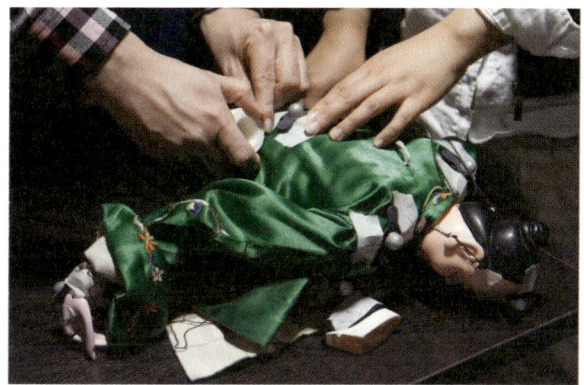

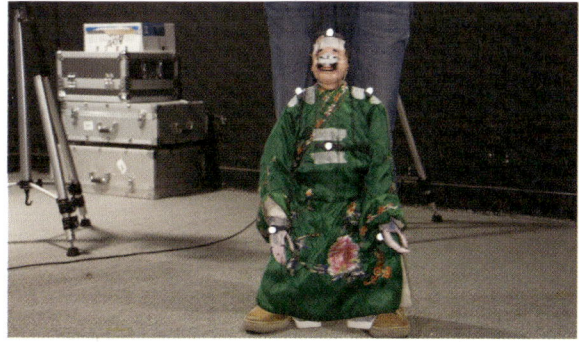

图 7-11　在木偶身上设置标记点

2.动作捕捉软件

（1）应支持与 Motion Builder、Maya、3DS Max 等主流三维软件兼容；

（2）应支持 Biped、CAT 骨骼捕捉数据导入；

（3）应支持 FBX、BIP、C3D 等格式的动作文件；

（4）应支持对较小的动作断点进行修补。

以上设备设置和软件的基本要求，是在动作捕捉（以下简称"动捕"）技术相关应用上，以部分国内对戏曲、舞蹈类数字化提取和应用的研究为基础，经过具体的运动捕捉实验探索而得出的。这项实验首先研究了运动捕捉系统从硬件设备到计算机软件相应的规范和要求，其次对于采集过程中需要注意和遵循的规范也做了制作流程的可行性、可复制性的研究。

经实验研究获得的动作元数据作为一种非物质文化遗产数字化资源（如图7-12～图7-17），可应用于泉州提线木偶戏项目在非遗展馆、文创产品等的虚拟现实、增强现实或多媒体交互系统等数字媒体相关设计中。作为课题研究切入点，分别从三维动态数据采集系统方案、情景再现和工艺流程演示、虚拟现实交互、影像文字等角度，研究三维虚拟现实技术在重建和模拟非物质活动，保存重要数据，文物的三维扫描、修复和建构等方面的应用，以推动非物质文化遗产的保护和传播，并为建设非物质文化遗产资源数据平台提供研究案例。

同时，实验也遇到了两个现实困境：其一是技术难度较大。从数据的准确性来看，动捕设备是以人的形体尺寸为标准进行设计的，而傀儡只有正常人身高的四分之一，反光点捕捉到的信息容易出现较大偏差。从场地设置来看，由于提线木偶是由傀儡师操纵的，如果傀儡师和木偶都站在地面上，木偶的背面反光点就很难被捕捉完整；要避免这一情况，需要专门设计制作一架云台，让傀儡师能够在捕捉识别范围外操纵木偶。其二是 VR 或 AR 动画的生成，完全依赖移动网络带宽和设备自身的三维算图能力。在显像时，为了使动画能够顺畅，数据必须精简在一定范围内，特别是多个角色同时显示时，数据精简要求就特别苛刻。面对复杂的动捕动画数据，动画师必须在保留表演艺术风格的同时，完成精简了大量数据的二次动画制作。

第七章　非物质文化遗产新媒体展示　　设计实践

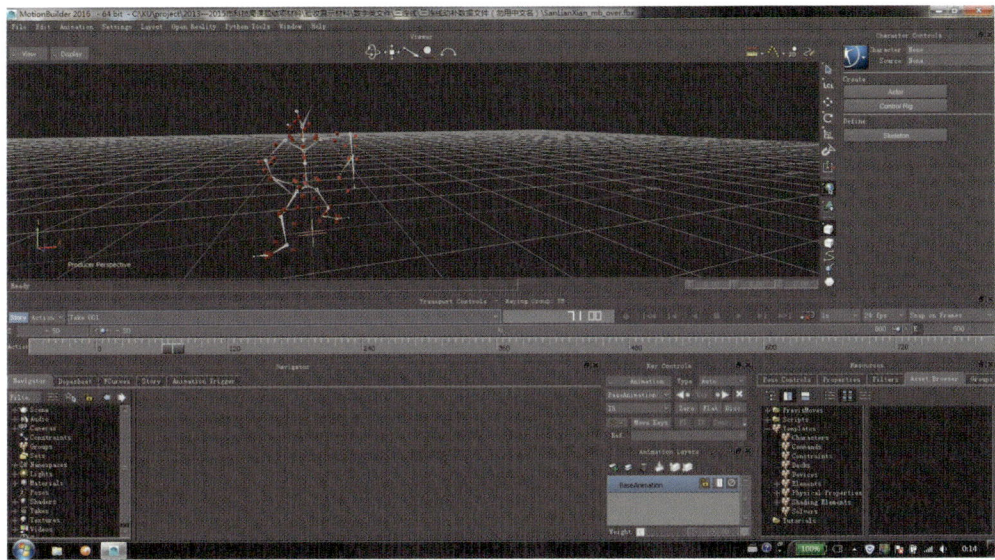

图 7-12　提线木偶传统线规"三连线"的动捕数据

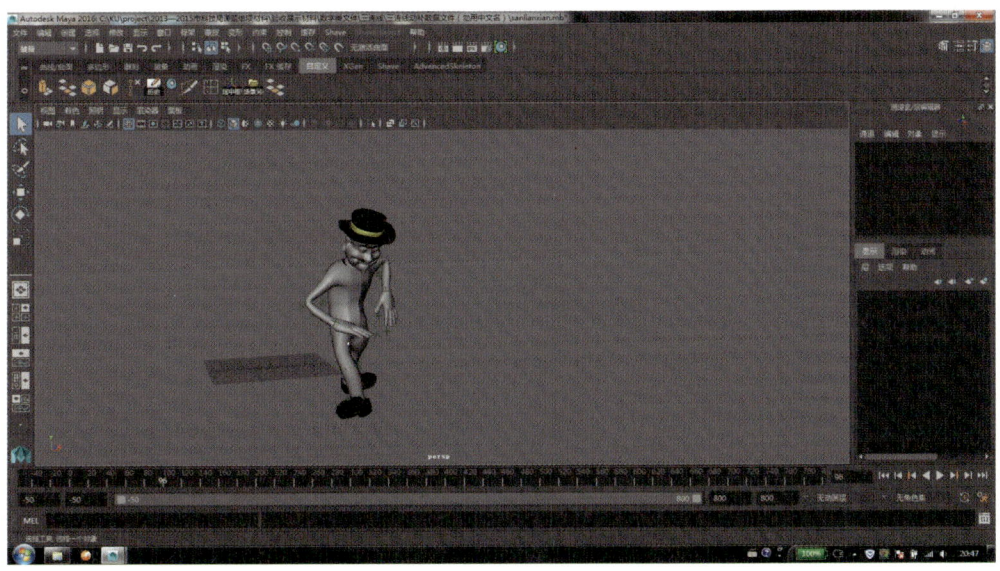

图 7-13　"三连线"动捕数据导入三维动画软件中进行修正与应用

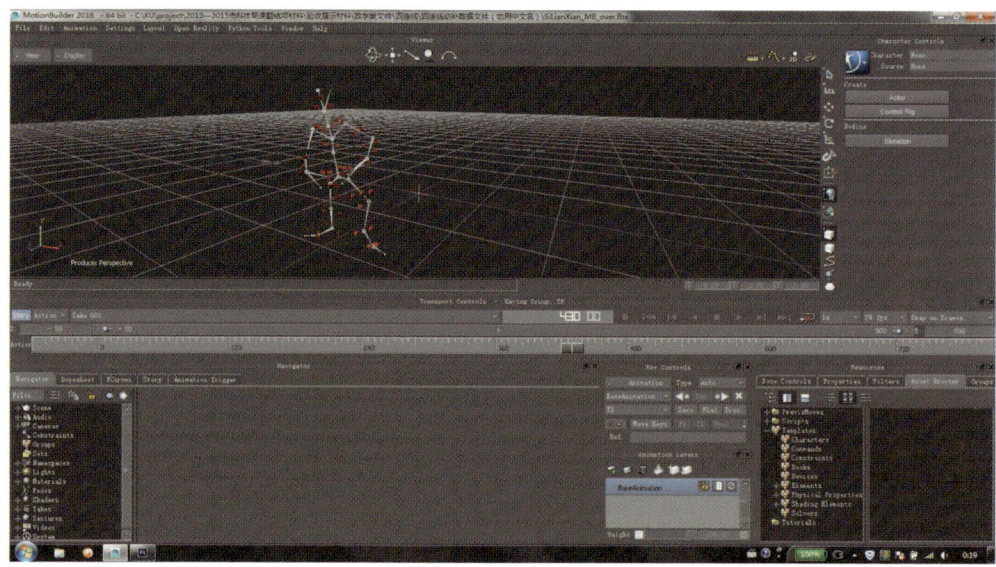

图 7-14 提线木偶传统线规"四连线"的动捕数据

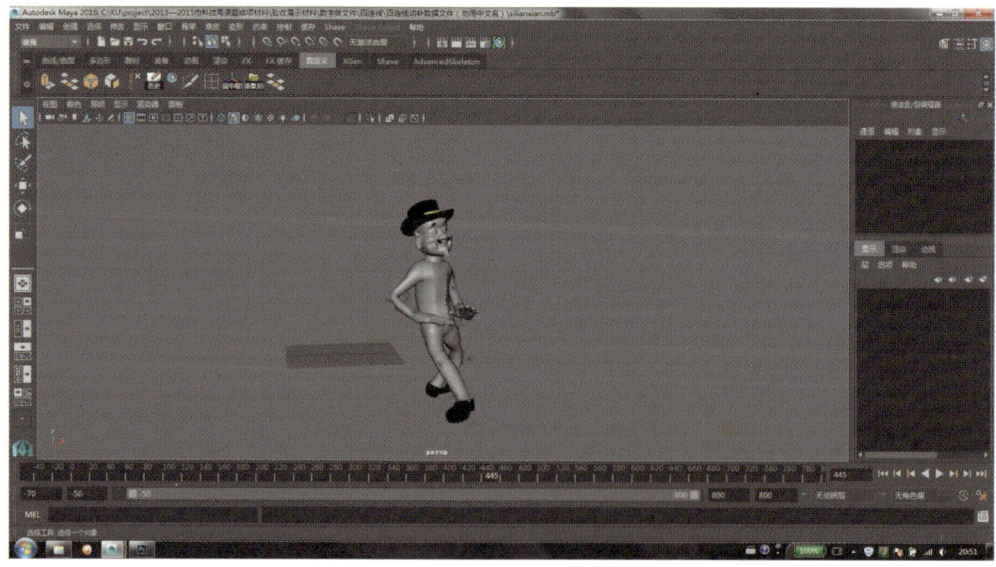

图 7-15 "四连线"动捕数据导入三维动画软件中进行修正与应用

第七章　非物质文化遗产新媒体展示　　　设计实践

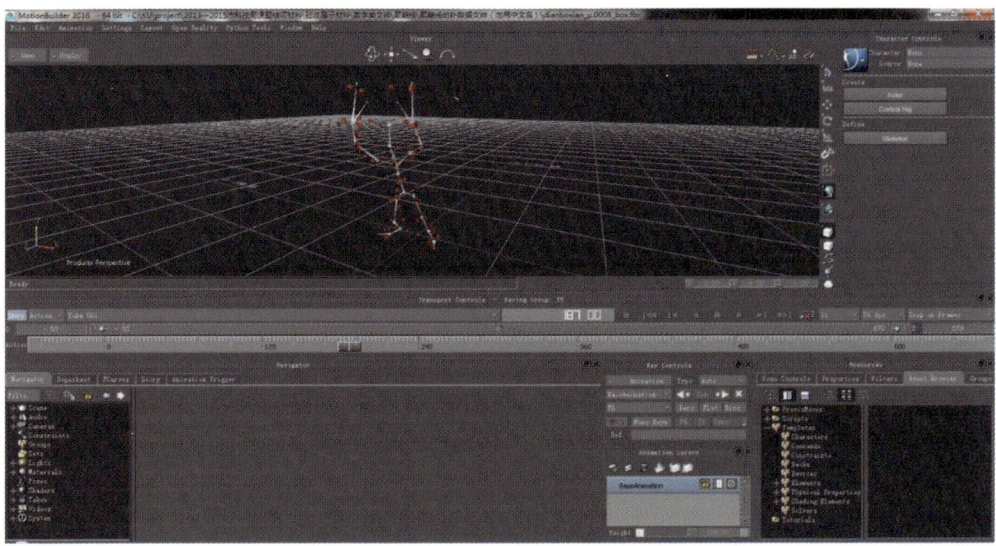

图 7-16　提线木偶传统线规"颠簸线"的动捕数据

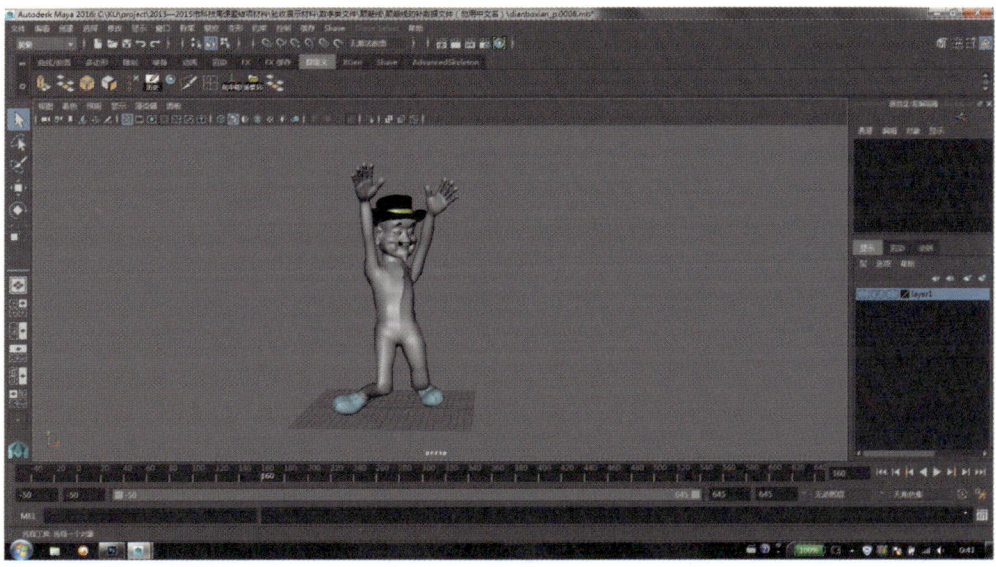

图 7-17　"颠簸线"动捕数据导入三维动画软件中进行修正与应用

183

第二节　数字动画——基于泉州非遗题材的原创动漫设计

一、动画表情设计

地方传统文化需要融入现代人能够解读的语言才能与时代相接轨，而动画表情则是当下移动数字媒体时代大众常用的数字通信沟通方式，也是最普通的传情达意方式。将泉州非遗形象设计成动画表情，以受众有日常需求又富有个性化的途径传播泉州的非物质文化遗产，有利于助推泉州的文化旅游产业与互联网的融合发展。借用动漫IP化传播的有力模式，易于在传播过程中博得受众的关注和喜欢。当代互联网的发展促进了动漫行业的成熟和繁荣，使年轻一代更习惯于对各种卡通形象的快速阅读。数字移动通信平台催生的动漫化的表情符号，趣味性强且传播速度快、范围广，满足不同年龄群体的需求。在此影响下，以动画表情为表现形式的传统文化，能够通过社交通信工具更快融入大众日常生活，从而消除传统文化与受众之间的距离感，推动非物质文化遗产的活态传承与传播。

借助传统文化创新的力量来满足受众对文化情怀的需求，与受众建立情感传播链接，进而开拓非物质文化遗产的市场。在表情动画作为一种网络语言飞速发展的今天，通过把表情动画和传统文化结合进行创新设计，有利于大众更好地在现代网络生活中传播，提升受众对非物质文化遗产的认知与情感。

在对泉州特色文化，特别是非物质文化遗产项目的深入调查研究后，我们决定将泉州三大特色文化作为本次设计的中心，分别是景观、民俗（非遗）和戏剧（非遗），包括老君岩、钟楼、拍胸舞、惠安女、火鼎公婆、提线木偶、高甲戏等八个动漫角色形象，设计八组微信动画表情（图7-18~图7-23）。希望该套作品不仅能让外来游客可以认识泉州的传统文化，更能让泉州当地居民有归属感。

高甲戏

提线木偶

拍胸舞

火鼎婆

图 7-18　泉州传统文化微信动画表情设计 1（作者：高丽莉）

火鼎公

惠安女

老君岩

钟楼

图 7-19　泉州传统文化微信动画表情设计 2（作者：高丽莉）

第七章　非物质文化遗产新媒体展示　　　设计实践

图 7-20　表情设计草图

图 7-21　拍胸舞动画表情的制作环境

187

图 7-22　高甲戏动画形象设计图

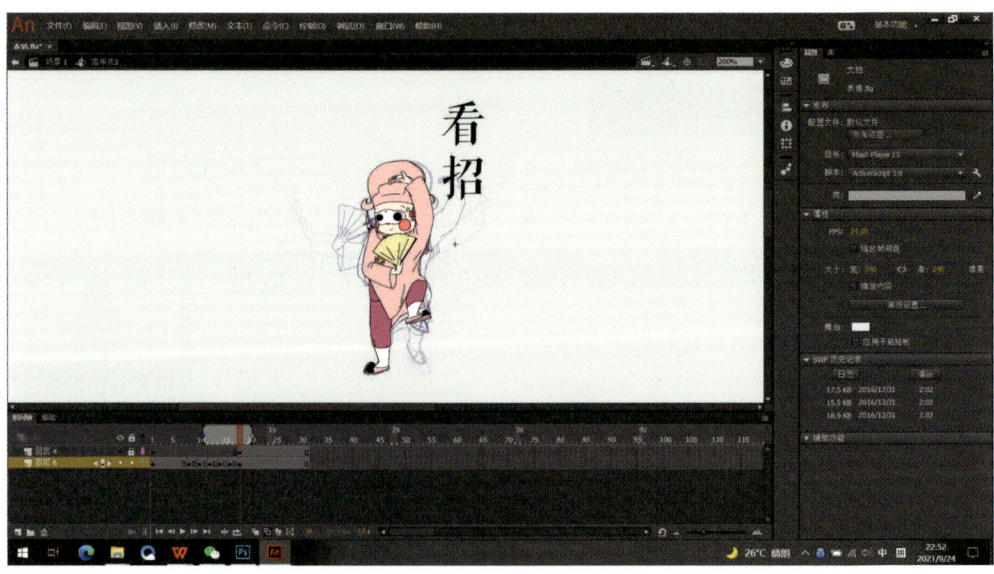

图 7-23　高甲戏动画表情的制作环境

二、数字动画短片的设计与推广

信息时代的非遗传播力突破了传统时空的限制，非物质文化遗产传承的生活现场正在转化为网络虚拟世界的新能量。数字化、信息化、现代化、城市化与文化全球化深度交融，非物质文化遗产与现代科技在信息的空间中碰撞、融合。现实生活世界与虚拟生活世界并置，如何传承和表达非物质文化遗产，愈发成为传承者和设计师们关注的问题。数字动画是一门表现的艺术，它对非遗的表达是通过故事情节和图像展示的，创造了想象中的非遗在场。虽然动漫影像常常脱离了现实生活的自然环境，但是，非遗元素在动画中的成功表达对于非遗的传播仍然是重要的、有意义的。以下介绍两部分别以现实与奇幻的手法创作的动画短片：前者通过少年的理想与父母"望子成龙"的矛盾，表现非遗传承在当代面临的困境；后者通过童谣让现代环境生活中儿童的想象实现与天地神灵沟通，表达了闽南童谣的艺术审美所在和文化内核。这些非遗元素通过不同的动画影像展现，对于其他地区的民众而言，是新鲜有趣的、有地方风情的，有别于自己所处时空的生活，很可能引起人们特别是少年儿童进一步了解相关非物质文化遗产的兴趣。再者，由于数字动画的艺术媒介与当下数字信息时代互联网的传播媒介是同质的，因此，其具有相当的传播优势和创新空间。

（一）《缘偶》

《缘偶》是基于第一批国家级非物质文化遗产项目泉州提线木偶戏为题材创作的一部数字动画短片。故事讲述的是一个生长在泉州的男孩，从小就喜爱木偶戏，并跟着邻居老爷爷学演提线木偶。虽然遭到父母的极力反对，但他还是利用课余时间偷偷学演提线木偶，随着时间的推移，孩子报名了学校的校庆晚会表演节目。但是就在晚会的前一天晚上，父母还是发现了他在学习木偶戏，大发雷霆，狠狠训斥了他，并把他的木偶扯坏。男孩经过一晚上的独立思考，怀着对木偶艺术的热爱重新振作，最后在校庆晚会上展现了精彩的木偶表演，获得了满堂喝彩，也获得了父母的肯定和默许。短片以现实的手法创作动画短片，通过少年的理想与父母"望子成龙"的矛盾，表现非遗传承在当代面临的困境（图7-24～图7-26）。

图7-24 《缘偶》动画截图(作者:杨中元、姚庆明、许志峰)

第七章 非物质文化遗产新媒体展示　　设计实践

图 7-25　《缘偶》动画角色形象设计图。

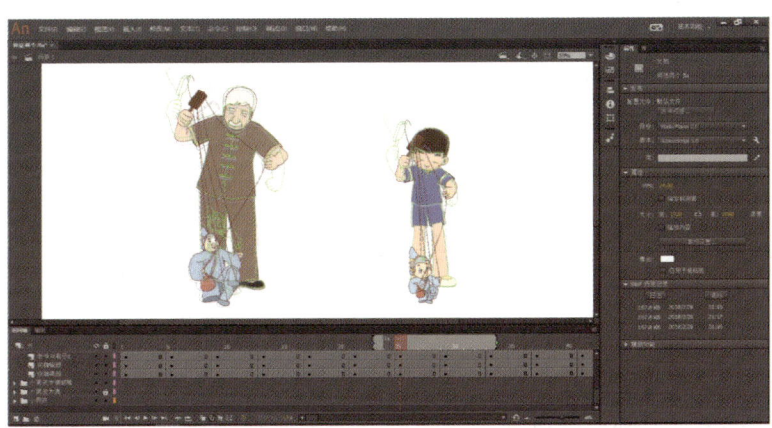

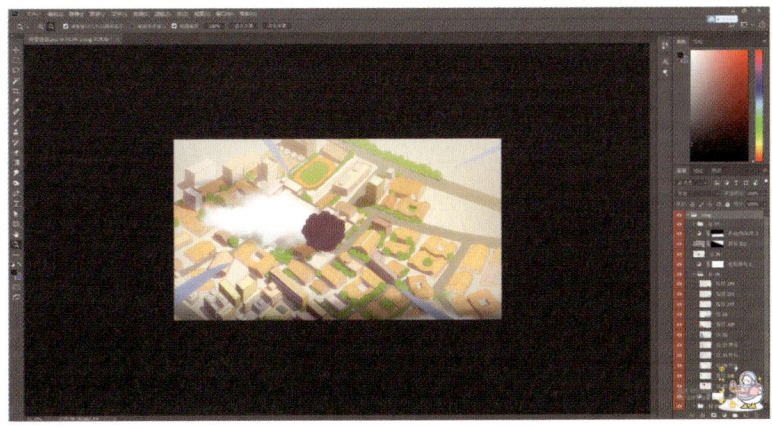

图 7-26　《缘偶》动画制作环境

（二）《天乌乌卜落雨》

《天乌乌卜落雨》是以泉州国家级非物质文化遗产项目闽南童谣为题材创作的一部动画短片。故事描述的是春雷雨下，福建闽南乡间古厝里，正喂小孙子早饭的爷爷触景生情，念起一首古老的闽南童谣，小孙子听着老童谣《天乌乌卜落雨》，在脑海里想象了一番奇遇：他透过环形屏幕进入了龙宫，遇到了童谣中的各种小动物，蜻蜓出租车带着他参观了"迎亲队伍"，而后他走进了游乐场般的"喜宴"，在那里与小动物们嬉戏了一番。雨过天晴，龙王送小孙子回到了爷爷身边，这时候爷爷正表扬孙子把饭都吃完了，一点不浪费。该片通过童谣让现代环境生活中儿童的想象实现与天地神灵沟通，表达了闽南童谣的艺术审美趣味及其文化内核，是对传统文化传承与发展的创新尝试（图7-27～图7-29）。以动画剧本为基础，我们还设计了一本绘本（图7-30），探索动画与绘本线上线下共同推广的模式（图7-31），这也是我们后续转而研究AR技术与绘本设计结合的思路起源。

第七章　非物质文化遗产新媒体展示　　　设计实践

1. 动画短片设计

图7-27　《天乌乌卜落雨》动画截图（作者：庄国龙）

193

图 7-28 《天乌乌卜落雨》动画角色设定

图 7-29 《天乌乌卜落雨》动画制作环境

2. 数字绘本设计

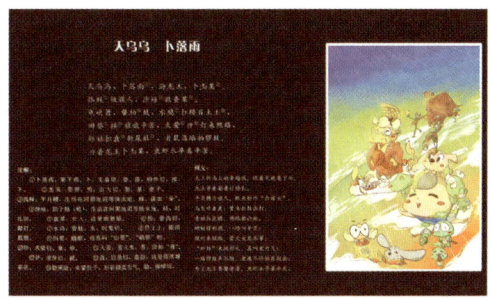

图7-30　改编自动画《天乌乌卜落雨》的数字绘本《天黑黑》

（三）展示推广

图 7-31　《缘偶》与《天乌乌卜落雨》动画及其周边产品参加泉州古城办举办的"润物无声"旅游文创展

第三节　虚实动静融合的设计新形态研究
——基于增强现实技术的闽南童谣儿童绘本设计

一、闽南童谣及其传承

闽南童谣是闽南人千百年来在农耕生活中结合风俗民情、天文地理、典故传说等诸多方面内容而创作，并世代口传下来的念谣或唱谣。在质朴纯真、想象力丰富、生活趣味盎然、嬉戏娱乐怡情、朗朗上口的咏念或歌唱中，儿童认识生活，学习语言，塑造人格，丰富常识，启发想象。闽南童谣同南音，歌仔，褒歌等共同组成了闽南民间艺术。正如"童谣"本身的词义，其主要功能就在于娱乐和教育儿童，在闽南文化中，其对儿童的启蒙成长起到相当重要的作用。与传统生产生活方式紧密相连的闽南童谣是"闽南文化地方性知识的延伸载体"，是"海丝文化认同的基因"。

传统童谣过去是民间儿童娱乐的一种形式。20世纪80年代，生活在闽南的儿童或多或少都会懂得念一两首。90年代后，随着社会经济的迅猛发展和市场化改革的不断深入，文化全球化不断推动带有鲜明现代感的强势文化刷洗着一成不变、日渐衰老的地方传统文化。加上闽南地区是我国经济相对发达的地区，大量外来人口的融入，使很多闽南传统民俗文化渐渐淡化，就连闽南语也悄悄远离儿童，闽南童谣自然也面临着失传的危机。2000年后，厦漳泉地区各级部门陆续开始以比赛的形式组织幼儿园、小学参加各类文艺活动，一定程度上起到传承和传播闽南童谣的作用。2008年由厦门市申报的闽南童谣入选第二批国家级非物质文化遗产名录后，闽南童谣开始作为一种文化资源进行了市场化探索。如厦门市主办的海峡两岸闽南语原创歌曲大赛，至今已举办过十届，该赛事集聚海峡两岸人才之力创作了大量的新时代原创闽南童谣作品。通过音乐和舞台化的创新，不管是传统的还是新的童谣都变得层次丰富，呈现出时代的新气息。同时，随着互联网的兴起，多媒体传播媒介日益大众化、简易化，出现了一批应用动画为表现形式的童谣MTV作品，这些作品将童谣念咏和可爱的动漫形象结合，迎合了儿童的娱乐喜好，起到寓教于乐的传播效果。近年来，厦漳泉三地的学者对闽南童谣进行了大量的研究挖掘，编辑出版了一批图书，起到对非物质文化遗产的"原生态"保护作用。

然而，如果作为非物质文化遗产的闽南童谣的传承仅仅体现在这几个方面，仍有不足之处。传统童谣的内容多取材于"古早"社会的民俗活动、人情世故、建筑风景等等，但现代社会中这样的文化环境都几乎消失了，很难激起缺乏方言基础和闽南传统生活经验的现代儿童们的想象力和认识了解童谣的兴趣。例如能通过参加相关比赛和表演而接受的儿童较少且有特定性；而作为观看的观众，大多儿童只停留在欣赏的层面。再如，幼儿园和小学低年级在进行闽南童谣传承教学时，往往缺乏形象化、情境化的"游戏"趣味性的营造和引导，老师教学和儿童学习都较为困难。诸多因素影响着闽南童谣的传播和推广。

二、以绘本作为文化传播的载体

绘本——"picture book"（图画书），起源于欧洲，已有一百多年的发展历程。二战后在重视儿童教育的政策推动下，日本绘本产业经历了从引进到本土原创的过程，迅速发展兴盛起来。同时在日本"绘本之父"松居直的影响下，日本的绘本形成了有别于漫画和文学的创作思想和理念。和动漫一样，20世纪80年代后日本的绘本产业也深刻影响了台湾的文化市场，"绘本"成为"picture book"的中文通用名也就是这时自日语翻译而来的。2002年后，随着台湾绘本画家几米的作品逐渐在大陆走红，"绘本"一词及绘本也被大众和学者们所接受。

如今，绘本已然成为伴随我国儿童成长的重要读物。近年来国内优秀原创绘本数量大幅增加，说明我国绘本产业正在逐步成熟，据图书数据领域著名的北京开卷信息技术有限公司统计，在国内图书市场中，少儿类图书的码洋比重从20年前的第5位增长至如今的第1位，其中卡通/漫画/绘本类近几年增长迅速，已与少儿图书中的第一大类少儿文学所占比重几乎持平。而少儿绘本可谓少儿图书中近20年来涨幅最大的细分板块，2018年时已占卡通/漫画/绘本类别图书出版近七成的比重。同时，在多年引进版绘本占据市场多数份额的局面后，近年来原创绘本开始发力，2018年少儿绘本中中国作家作品的码洋总量约占50%[1]。

儿童认知世界的启蒙来自他们对生活的各种感知，特别是对图形、色彩、故事、音乐他们都容易接受并产生共鸣。恰如世界著名的绘本奖"凯迪克大奖"对儿童绘本的界定：儿童绘本与其他图文并茂的图书不同，它旨在为儿童提供视觉的体验。它依靠一系列图画和文字的互动来呈现完整的故事情节、主题和思想。当今社会，绘本深受儿童的喜爱，从幼儿园、校外培训机构都有开设绘

---

[1] 聂槃."儿童绘本阅读调查问卷"分析报告[J].美术观察，2020（6）:28–32.

本课,以及小学一、二年级学作文是从看绘本学说话开始,可窥视到其影响力和受欢迎程度。儿童绘本对于现代儿童的社会化过程产生越来越重要的影响。绘本所描述的社会环境、传递的价值观、呈现的行为和语言模式,被现代儿童有意或无意地学习并内化,对儿童认知发展、审美能力、道德意识的影响深刻[1]。因而现代儿童绘本作为一种综合艺术媒介,具有传播文化的社会功能。"非物质文化遗产作为一种默会知识,主要不以文字、图像等表征形式存在,而与个体的经验以及所处的情景交织在一起,不容易保存、传播和分享。在现代社会中,非物质文化遗产的保护与利用,很重要的一点在于如何将这种'默会知识'表达出来。"[2] 美国罗德岛设计学院的 Christopher Robbins 教授在其基于非物质文化遗产的技术创新研究中,提出地方传统文化保护可以通过三阶段来完成,其一是直接对本土文化进行数字化记录存档,如通过文本、影像或动画演示记录;其二是将地方传统文化中可数字化记录的内容,利用现代科技以现代的表达形式加以传播,如手机、网站、交互展示等;其三是使用传统文化中的理念和方式,结合现代科技手段,开发出新的数字产品。因此,通过基于传统理念和方式的数字化创新,可以成为"默会知识"显性转换的媒介,直接充分调动"默会知识"对其进行不同形式的数字化转化,实现记录—嵌入—交互—认知的过程。

课题组选择插图绘本《景绍宗绘童谣》中的《一园青菜成了精》,和周翔的儿童原创童谣绘本《一园青菜成了精》,在泉州市刺桐幼儿园大班段进行了一次教学调研,调研分为 A、B 两组。A 组采用插画版《一园青菜成了精》,为了孩子们理解插画是在描绘一个什么故事,从而读懂这首童谣,老师需要应用不同的诠释策略以解读童谣。由于情境内容与当下生活剥离,儿童缺乏真实感受,所以孩子们对童谣的内容懵懵懂懂,停留于图像表层认知上。B 组采用原创绘本《一园青菜成了精》,起初孩子们会专注于赏阅并试图了解一幅幅图

---

[1] 袁薇薇.传统文化元素如何融入儿童绘本创作:基于儿童心理的角度[J].中国出版,2016(19):32-34.
[2] 曾芸.新科技视角下的非物质文化遗产保护与利用研究[J].福建论坛(人文社会科学版),2018(6):56-61.

画串联所描绘的故事,当老师用绘本中的文字进一步解读后,孩子们会自发的将一幅幅图画与童谣联系起来,唤起孩子对童谣里天真活泼、大胆想象的情景产生移情,展开自己的想象和解读,主动从中感受童谣所传达的童趣,进而理解和记住了《一园青菜成了精》这首传统北方童谣(图7-32)。

读者的体验感和意义的解读是现代文学创作和审美的要素,儿童绘本是现代儿童文学的重要组成部分。以传统童谣为题材的儿童绘本创作,如果将童谣"原生态"、单向地呈现给读者,而忽略从与读者体验和互动的层面加上对当代社会的大众审美、文化环境、生活方式等因素的考量,就会使作品容易缺乏时代"代入感",很难让读者形成情感共鸣和有效认知,这将影响到传统童谣现代传承与传播的良性循环。

图7-32 童谣绘本教学调研现场

三、基于增强现实技术的应用实践

近年来,随着数字移动通讯设备软硬件的不断迭代,增强现实技术(AR)以具有虚拟与现实结合、实时交互、三维注册的功能特点,与绘本融合设计时,可以在不破坏传统纸质阅读方式的情况下,增强儿童绘本多感官、趣味性、互动性的视觉体验。绘本是通过富有表现力的图画和简洁的文字相结合的艺术形式,以及图画的直观表达和内容的思想性,为儿童构建想象的空间。AR 技术将动画、音乐、互动等内容带入绘本阅读体验中,使传统文化中抽象的、不好理解的内容,通过数字技术得以更加生动有趣地展现。

为了论证技术应用的可行性,我们做了两个实验,均以何文文和陈焯嘉一起创作的绘本《画说中元》(如图 7-33)的派生产品的设计为基础。

1. 实验案例一:AR 春节小红包

AR 小红包采用绘本中"风狮"为主形象,造型取材于泉州惠安传统石雕中石狮子的造型和提线木偶的舞狮造型(如图 7-34、图 7-35)。通过 AR 技术呈现的舞狮动画,在表演设计上也借鉴了提线木偶的表演风格,动画长度 8 秒,可以循环播放。

图 7-33 《画说中元》绘本封面

201

图 7-34　泉州威远楼前的"风狮爷"　　图 7-35　泉州提线木偶戏中狮子的形象

（1）首先对动漫形象、色彩、版式进行设计，对 AR 功能和操作流程进行前期设计。（如图 7-36）

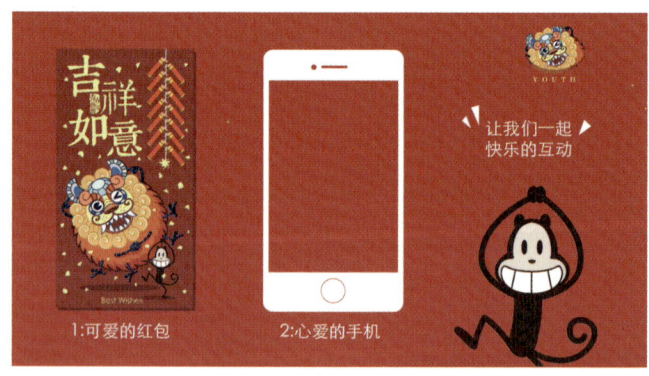

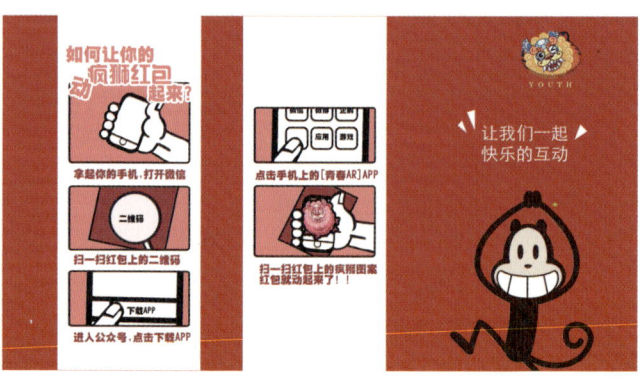

图 7-36　AR 小红包使用方法卡片设计

（2）使用 Flash 进行设计制作动画。（如图 7-37）

图 7-37　动画截图

（3）使用 Unity 进行 AR 的集成开发制作。（如图 7-38）

图 7-38　Unity 集成开发环境

以下研发的脚本,用以实现图像在移动设备摄像头的三维空间注册,用户通过移动设备(如手机、iPad 等)扫描,驱动并开启能在移动设备屏幕上实时观看的影音动画。

具体程序代码如下:

```
using UnityEngine;
namespace EasyAR
{
    public class EasyImageTargetBehaviour : ImageTargetBehaviour, ITargetEventHandler
    {
        protected override void Start()
        {
            base.Start();
            HideObjects(transform);
        }

        void HideObjects(Transform trans)
        {
            for(int i = 0; i < trans.childCount; ++i)
                HideObjects(trans.GetChild(i));
            if(transform != trans)
                gameObject.SetActive(false);
        }
        void ShowObjects(Transform trans)
        {
            for(int i = 0; i < trans.childCount; ++i)
                ShowObjects(trans.GetChild(i));
            if(transform != trans)
```

```
            gameObject.SetActive（true）;
    }


        void ITargetEventHandler.OnTargetFound（Target target）
        {
            ShowObjects（transform）;
            Debug.Log（"Found: " + target.Id）;
        }


        void ITargetEventHandler.OnTargetLost（Target target）
        {
            HideObjects（transform）;
            Debug.Log（"Lost: " + target.Id）;
        }


        void ITargetEventHandler.OnTargetLoad（Target target, bool status）
        {
               Debug.Log（"Load target（" + status + "）: " + target.Id + " -> " + target.Name）;
        }


        void ITargetEventHandler.OnTargetUnload（Target target, bool status）
        {
               Debug.Log（"Unload target（" + status + "）: " + target.Id + " -> " + target.Name）;
        }
    }
}
```

（4）分别使用安卓和苹果手机进行测试。（如图 7-39～图 7-41）

图 7-39　AR 技术测试环境图　　　图 7-40　纸质红包图　　　图 7-41　手机屏幕上的呈现效果

2. 实验案例二：应用 AR 影音技术在绘本上展现闽南童谣

实验二是在实验一的技术基础上做的进一步探索。首先设计了一个手机 APP，在 APP 上可以直接选择播放为绘本《画说中元》设计的 6 首电子合成音乐。还可以使用 APP 扫描功能，扫描绘本附赠的 6 张贴纸上的图形，即可播放相应的音乐，同时使图形变成动画。

（1）使用 Unity 制作一款 APP，通过手机等移动设备扫描绘本扉页上的二维码便可下载，同时支持苹果 iOS 和安卓系统。选择 APP 上的壹、贰、叁、肆、伍、陆等 6 个 UI 按钮，便可播放相对应的乐曲。（如图 7-42、图 7-43）

第七章　非物质文化遗产新媒体展示　　　设计实践

图 7-42　《画说中元》绘本扉页

图 7-43　扫描绘本上的二维码下载安装 APP 及 APP 上的音乐选择界面

207

（2）设计 6 张贴纸，并且采用动态图形的表现方式，配合 6 首音乐的韵律变化设计制作成动画。（如图 7-44）

图 7-44　随书附送的 6 张 AR 贴纸

（3）最后在 Unity 中集成。（如图 7-45）

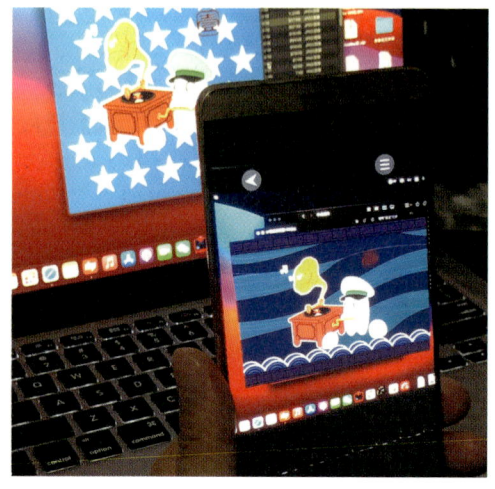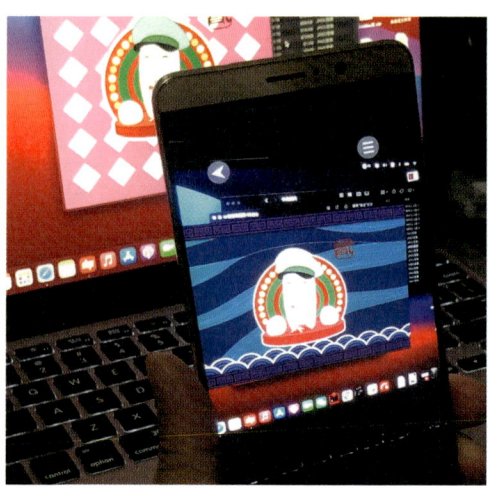

图 7-45　Unity 集成和测试

四、闽南童谣儿童绘本融入增强现实体验的优势

1. 激发形象思维，提升艺术感知力

传统纸质绘本形式是平面静态的图画和文字，在认知维度上较单一。童谣内容中往往出现自然的或神话的人物、动物、植物等角色形象。AR 的全息数字化视听技术体验可以使绘本中的角色跃然纸上，并栩栩如生地表演念唱童谣，这类绘本可以有效激发儿童的多维感知，满足儿童喜欢新奇有趣的事物、以具体形象思维为主、对声音敏感等认知特点，拉近其与绘本的距离，增进其对绘本中闽南文化的兴趣和认知。

2. 增强绘本的游戏性，提升阅读乐趣

儿童对艺术的感知往往是通过观看和触摸等方式体验。西班牙科学家一项针对 4～5 岁学龄前儿童的临床试验发现，每天使用增强现实读物的儿童，无论在阅读时间上还是质量上较之于使用传统图书的儿童都有明显提高。[1] 由于现代经济社会的变革，闽南童谣已悄然从闽南地区儿童的生活中淡去，因此，当我们通过绘本将童谣演绎为故事，并融入 AR 技术使图画中的角色能活灵活现地与儿童互动时，儿童能在声色影画的情境中感受绘本所传达的信息，还能在游戏中自觉获得关于童谣的知识。

3. 亲子互动，增进对闽南文化的了解

亲子阅读是绘本最主要的一种阅读方式，而在文化全球化洗礼下成长起来的一代年轻父母，对闽南文化和闽南童谣本身就知之甚少，更不用说辅导孩子一起阅读。但如果将 AR 多媒体功能融入绘本，增加寓教于乐的数字化内容，就改变了传统线性教育的认知模式，大大降低了学习门槛；再加上 AR 技术需要使用智能手机等移动设备，可以促使父母陪伴孩子一起观看，与孩子一起在绘本中认识闽南童谣，拉近亲子关系。

---

1 上官大堰.增强现实儿童图书优势分析与设计策略构建［J］.科技出版，2017（2）:75-80.

五、闽南童谣绘本中融入增强现实体验的设计策略

增强现实技术（AR）将立体造型、动画和语音等数字内容植入静态的绘本中，扩充了绘本承载的文化内容，俨然变成一件融趣味性、娱乐性于一体，简单轻便又蕴含地方传统文化知识的文化旅游产品。通过数字创意手段的转化，无形中大大提升了绘本的文化附加值，更容易吸引消费者买单，进而提升地方文化传播的深度和广度。

1. 符合儿童生活心理体验的故事文本

随着文化产业和互联网产业的不断繁荣，儿童可选择的动画片已非常丰富，如果绘本只简单地对传统故事或名著进行改编，很难引起儿童和家长的兴趣。优秀的传统文化原创绘本，往往从贴近儿童生活的视角、情感情绪的发现、新奇有趣的故事创意出发，将传统文化元素融入创作。为了让儿童更容易理解《一园青菜成了精》这首童谣的韵味，作者进行了重新改编，用图画让一群拟人化的蔬菜演绎一群顽童尽情欢怡嬉戏的好戏。《小老鼠又上灯台喽》以传统童谣《小老鼠上灯台》为蓝本进行全新创作，将古老的故事拉进现代生活，有台灯的书桌成了小老鼠爬上的"灯台"，在那里它们通过"一起看书"和小猫小狗成了好朋友。以传统的闽南童谣为蓝本，同样可以创作出有趣的故事，比如用表现小动物演绎龙王娶亲的《天乌乌卜落雨》可以创造出新的故事。爷爷为了让小孙子好好吃饭，为他念起这首古老的童谣，没想到小孙子却展开了自己的另一番联想：他和小狗走进了动画片般的龙宫，那里真的有童谣中的各种小动物，昆虫出租车带着他们看了"迎亲队伍"，走进了游乐场似的美食大世界，像小朋友一样的龙王最后成了他的好朋友，并送他回到了爷爷的身边，这时候的爷爷还以为孙子是因为听了童谣而高兴地张大嘴吃起饭来。故事既激发了儿童对童谣的想象力，又拉近了他们与传统文化间的距离。

2. 动静结合塑造儿童喜欢的卡通形象

1~7岁的儿童对图形的辨识倾向于简单化，且对色彩敏感。通过琳琅满目的儿童绘本，我们不难发现，即使画面风格各异，但使用卡通造型是其共通的

特征。佩里·诺德曼对这一特点有过准确的定位：卡通非凡的表现力，似乎让它变成一种特别适合用来传达叙事信息的方式，当我们说所有的图画书艺术都是某种卡通或漫画时，并不是贬低它们，而只是在强调这种艺术的目的和乐趣[1]。再者，由于 AR 技术对三维模型数据要求尽量精简，简约的卡通造型具有更好的表现力。

AR 技术虽然可以使绘本的卡通形象跃然纸上，但只有当立体形象的动画表演有趣好玩时，才能在视觉感知上与其平面形象结合在一起，塑造完整的故事形象。在当前制作工具更趋于国际化的技术背景下，所谓的东方美学与西方美学的差异不再体现在工具上，更多是审美层面上的差异，这些差异更多来源于文化[2]。当前 AR 绘本的角色动画表演设计，大部分都沿用以迪斯尼为代表的经典动画运动规律，但在设计传统文化主题的 AR 绘本角色动画时，设计者完全可以尝试导入本土的文化价值对其进行充实，儿童绘本《皮影中国》的 AR 动画就很鲜明地呈现出皮影戏的表演风格。在设计闽南童谣 AR 绘本的角色动画时，可以结合闽南提线木偶戏的表演形态，将"身形如吊"、手臂动作幅度大、四肢弯曲多棱角、次要动作丰富等线规特点融入到动画设计中，使角色的动画呈现出"偶趣"的风格。

3. 符合中国儿童审美习惯的绘画表现手法

表现形式直接影响图画的画面风格，儿童的想象力和兴趣永远不会只局限于某种固定的表现风格上，绘本的图画风格取决于艺术家所要表达的内容和所处的文化环境。景绍宗的《梅里的雪山怪兽》融合了水墨画表现技法；曹艳红（绘）的《影子爷爷》采用铅笔淡彩的表现形式；赖马的《十二生肖》则应用电脑模拟彩铅、油画棒的表现形式；周翔和熊亮分别创作的同名绘本《一园青菜成了精》，前者是钢笔淡彩，后者是水墨的表现形式；《京剧猫》和《灶王爷》虽然都是熊亮的作品，但前者主要采用彩铅，后者则采用传统木刻版画的表现形式。这些绘本的表现手法不尽相同，但都是儿童平常画画时经常能接触到的。

AR 绘本一般应用 Marker-Based AR 成像技术，即使用移动设备摄像头扫描

---

1 诺德曼.说说图画：儿童图画书的叙事艺术[M].陈中美，译.贵阳：贵州人民出版社，2018：134.
2 唐红平.透过水印木刻视觉语言探索水墨动画创新[J].装饰，2019（6）:102-105.

绘本上的图形（Marker）获得三维坐标定位，使图形三维坐标系与设备屏幕的二维坐标系建立映射关系，然后通过驱动设备硬件（CPU/GPU）实时图形运算，将运算结果（附有材质贴图的三维图像）映射叠加到屏幕中的图形（Marker）上。新一代的 AR 制作软件 Unity 可以通过其 Shader（着色器）实现丰富的二维材质效果，并能实时计算轮廓线，为 AR 成像模拟手绘风格提供了各种视觉可能性。绘本设计师创作时更感兴趣的应该是表达意义，而不是准确地复现某种风格[1]。AR 的立体造型与平面图画在视觉上是有明显区别的，在绘本的前期设计时，AR 的视觉效果目标设计和测试就要同时进行，以保证 AR 绘本艺术表现的整体性。

4.交互加深童谣文化的认知和记忆

人类的每种感官都有其特定的感知维度，多感官之间的相互转换形成通感。通感在设计领域的应用主要借助基于感知经验的触发和联想，把用户不同的感官体验综合融通，触发多维度用户体验，从而带给用户丰富而美好的体验过程[2]。闽南童谣绘本融入 AR 多媒体交互体验，可以让读者通过个体的综合多感官体验，感受绘本的情感传递，促成儿童与童谣间的交互，从而加深儿童对闽南童谣的认知和记忆。在进行闽南童谣 AR 绘本的交互设计时，要注意以下几点。

第一，AR 融入闽南童谣绘本是通过立体的角色念唱、动作表演与儿童形成交互。如果过程中同时出现多个形象，会使儿童的注意力过度集中在视觉感官上，反而削弱了听觉等其他感官的交互感知效果，因此在表演童谣时只安排 1 个故事中的角色形象出场最为合适。这还可以降低运算资源消耗，保证 AR 成像和交互功能能够在中低端移动设备上顺畅运行。

第二，声音是实现 AR 人机交互的关键因素之一，闽南童谣 AR 绘本应重视符合角色的拟人化语音设计，这是塑造一个完整的角色形象不能忽视的创意点。通过卡通角色的念唱表演（声画同步），能促进儿童增加对以闽南语为语言基础的闽南童谣的亲近感，降低童谣在认知上的难度。

---

1 诺德曼.说说图画：儿童图画书的叙事艺术［M］.陈中美，译.贵阳：贵州人民出版社，2018：57.
2 梁婷，汤晓颖，罗立宏.基于粤语童谣的多感官设计研究［J］.包装工程，2020（18）：199–205.

第七章　非物质文化遗产新媒体展示　　设计实践

第三，AR寓教于乐的交互游戏形式也是吸引儿童的重要因素，但如果没有围绕着绘本内容和设计目的开发这一形式，造成学习和娱乐本末倒置，AR融入绘本的创新便无太大意义。因此在设计游戏互动时，可利用AR技术将虚拟世界和现实世界结合的技术特点进行开发[1]。例如设置录音功能，通过移动设备将读者学习念唱闽南童谣的声音录制下来并播放，屏幕中的AR角色实时反馈各种鼓励性的动作和语音，还可以设置比赛等功能，让儿童感受到虚拟角色与其有情感上的交互，引导和鼓励儿童主动学习。图7-45为童谣绘本设计策略示意图。

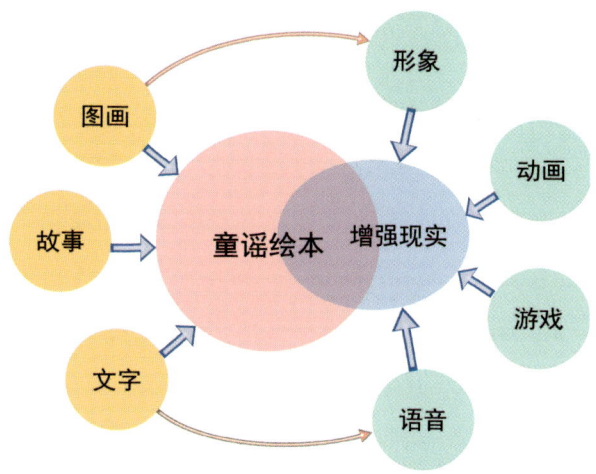

图7-45　童谣AR绘本的设计策略示意图

文化传播的关键在于人和文化发生关系，对非遗文化进行跨越时间和地域边界的创新探索，是当前文化创意产业发展的一个重要契机[2]。闽南童谣通过现代绘本设计方法的演绎，适当融入AR多媒体交互设计，创造了与插画绘本认知体验相异的表达形式，提升了绘本的亲和力，激发了儿童的认知兴趣，降低了以闽南语为语言载体、以念唱为表达形式的闽南童谣的认知难度，让儿童在阅读和交互中得到传统文化的传承熏陶。

1　梁婷，汤晓颖，罗立宏.基于粤语童谣的多感官设计研究［J］.包装工程，2020（18）：199-205.
2　吕中意.活态传承视域下的非遗产品开发［J］.艺术百家，2019（3）：185-190.

213

参考文献

一、著作类

[1] 林育毅，谢万智. 泉州非物质文化遗产大观 [M]. 北京：中国戏剧出版社，2013.

[2] 刘正宏. 非物质文化遗产数字化应用与教育化传承研究 [M]. 北京：中国轻工业出版社，2018.

[3] 卢杰，李昱，项佳佳. 非物质文化遗产濒危评价及数字化保护研究 [M]. 武汉：华中科技大学出版社，2018.

[4] 司占军，贾兆阳. 数字媒体技术 [M]. 北京：中国轻工业出版社，2020.

[5] 王燕. 现代化进程中的非物质文化遗产与保护 [M]. 北京：文化艺术出版社，2018.

[6] 夏三鳌. 非物质文化遗产数字化研究：以女书为例 [M]. 北京：中国社会科学出版社，2017.

[7] 杨红. 非物质文化遗产：从传承到传播 [M]. 北京：清华大学出版社，2019.

[8] 林华东. 泉州歌谣 [M]. 福州：福建人民出版社，2006.

[9] 诺德曼. 说说图画：儿童图画书的叙事艺术 [M]. 陈中美，译. 贵阳：贵州人民出版社，2018.

二、期刊类

[1] 缪莹. 非物质文化遗产的短视频传播研究 [D]. 大连：辽宁师范大学，

2021：15-20.

[2]陈超淼.基于移动增强现实技术的儿童绘本设计研究：以闽南童谣绘本为例[J].出版广角，2021（4）：83-85.

[3]陈芳.闽台同源视阈下闽南童谣的保护与传承[J].集美大学学报（哲社版），2016，19（4）：9-13.

[4]程梁茵.基于伦理视角的非物质文化遗产生产性保护问题研究[D].上海：上海师范大学，2020：9-22.

[5]代振，孙闯.二维动画三维动画艺术的流动性[J].西部皮革，2018，40（9）：76.

[6]杜彦炳.《又见草堂》儿童绘本融合增强现实的设计研究[D].成都：成都大学，2020：16-20，32-38.

[7]范臻.三维动画技术的动画艺术表现力探析[J].艺术科技，2017，30（12）：131.

[8]何华湘.非物质文化遗产的传播伦理问题初探[J].社科纵横，2013，28（1）：115-118.

[9]景小原.齐鲁民间美术类非物质文化遗产数字化传承探析[J].文化产业，2021（19）：37-39.

[10]林方芳.以"闽南童谣"为素材的少儿舞蹈创作探析[D].福州：福建师范大学，2018：3-4.

[11]刘雅，王平.媒体融合重构非物质文化遗产传播推广路径[J].中国出版，2020（6）：37-39.

[12]刘智伟，郝延强.非物质文化遗产项目数字化转型的途径分析[J].今古文创，2021（33）：77-78.

[13]罗方雅.技术视野下非物质文化遗产保护的数字化[J].四川戏剧，2015（2）：125-128.

[14]马晓娜，图拉，徐迎庆.非物质文化遗产数字化发展现状[J].中国科学：信息科学，2019，49（2）：121-142.

[15] 马悦. 非遗纪录片中传承人故事的影像化表达研究：以《传承》(第三季)为例[D]. 太原：山西大学，2020：29-37.

[16] 潘灿霖. 基于手势交互技术的虚拟泉州提线木偶戏表演系统设计[D]. 哈尔滨：哈尔滨工业大学，2014：17-30.

[17] 权玺. "互联网+"：构建非物质文化遗产数字化传承的新场景[J]. 西北民族大学学报(哲学社会科学版)，2017(6)：181-184.

[18] 石晓岚. 非物质文化遗产的体验式传播路径研究[J]. 通化师范学院学报，2018，39(9)：7-12.

[19] 谈国新，张立龙. 非物质文化遗产数字化保护与传承刍议[J]. 图书馆，2019(4)：79-84.

[20] 王梦婷. 非物质文化遗产数字资源服务研究[D]. 南京：南京大学，2018：25-39.

[21] 熊海. 二维动画技术与三维动画结合展现动画艺术创作多元素[J]. 智库时代，2018(49)：178，184.

[22] 杨菲菲. 浅谈泉州提线木偶的艺术特色[J]. 艺苑，2017(3)：102-105.

[23] 杨佳斌. 构建互联网时代非物质文化遗产微传播新途径[J]. 参花(上)，2021(3)：57-58.

[24] 姚国章. 非物质文化遗产的数字化发展及关键技术应用[J]. 常州大学学报(社会科学版)，2021，22(4)：106-116.

[25] 姚嘉. 传统技艺非物质文化遗产项目数字化传承与传播创新研究：以张家港后塍竹编为例[J]. 中国民族博览，2021(13)：89-91.

[26] 翟姗姗，许鑫，夏立新，等. 语义出版技术在非遗数字资源共享中的应用研究[J]. 图书情报工作，2017，61(2)：23-31.

[27] 张娅琼. 非物质文化遗产数字化的传承与发展：以肃南裕固族自治县为例[J]. 兰州工业学院学报，2021，28(3)：112-116.

[28] 朱银霞. 非物质遗产短视频传播效果研究[D]. 南昌：南昌大学，2020：

62-69.

[29] 庄幼红. 泉州提线木偶戏的流变与传播研究 [D]. 福州：福建师范大学，2015：23-38，64-67.

[30] ROBBINS C. Beyond preservation: New directions for technological innovation through intangible cultural heritage [J]. International Journal of Education and Development Using Information and Communication Technology，2010（6）:115-118.

[31] 唐红平. 透过水印木刻视觉语言探索水墨动画创新 [J]. 装饰，2019（6）:102-105.

[32] 梁婷，汤晓颖，罗立宏. 基于粤语童谣的多感官设计研究 [J]. 包装工程，2020（18）：199-205.

[33] 吕中意. 活态传承视域下的非遗产品开发 [J]. 艺术百家，2019（3）：185-190.

后 记

随着中国社会经济的发展，对传统的民族民间文化的重视和保护逐步加强，手段也越来越多，利用数字化技术使非物质文化遗产以直观的方式向大众展示已是一种常态化的做法。利用数字化技术对非遗进行创新性阐释，并赋予它们新的含义、新的存在和传承方式，更是专家学者的共识。通过非遗保护、数字传媒、社会教育、艺术设计等相关学科的理论交叉和实践应用，探讨增强非遗传播的新思路和新途径，推动中国非物质文化遗产活态传承与弘扬，也是大家义不容辞的责任。因此，作为一名艺术学科的教师，本人的一己之见若能充当引玉之砖，则已深感欣慰。

本书的写作和资料收集过程中，得到了相关文化单位、企业及许多工艺大师、民间艺人提供的各种帮助，在此表示感谢。值得一提的是泉州黎明职业大学吴云轩副教授、泉州工艺美术职业学院林振忠副教授、泉州晚报社新媒中心苏智峰主任、泉州提线木偶戏传承保护中心陈俊翔先生、泉州连发锡铺杨婉红女士在图文资料方面为本书提供帮助。

感谢我的同事陈学君教授、陈晓萍副教授、黄曦农老师为本书的研究提供的帮助。

感谢厦门大学出版社编辑老师为本书的出版所做的大量工作。

最后要感谢我的老领导，泉州师范学院黄坚教授，作为闽南文化艺术的研究专家，在百忙中审阅书稿，为本书章节和构架提出了许多建设性的修改意见。

在这里我再次向他们表示由衷的感谢。

陈超淼

2023 年 7 月 21 日